广东省教育科研"十三五"规划2017年度研究教育科研重点项目
"促进幼儿教师专业发展的区域教研体系创新研究"科研成果

名师教研

——幼儿园园本教研实例精选

■ 主　编 / 黄俏甜
■ 副主编 / 吴凯静　区伴贞

东北师范大学出版社

长　春

图书在版编目（CIP）数据

名师教研：幼儿园园本教研实例精选 / 黄俏甜主编
. —长春：东北师范大学出版社，2020.12
ISBN 978-7-5681-7343-8

Ⅰ.①名… Ⅱ.①黄… Ⅲ.①学前教育—教学研究
Ⅳ.①G612

中国版本图书馆CIP数据核字（2020）第258663号

□责任编辑：满玲玲　　　　　□封面设计：言之凿
□责任校对：刘彦妮　张小娅　□责任印制：许　冰

东北师范大学出版社出版发行
长春净月经济开发区金宝街 118 号（邮政编码：130117）
电话：0431-84568115
网址：http：//www.nenup.com
北京言之凿文化发展有限公司设计部制版
北京政采印刷服务有限公司印装
北京市中关村科技园区通州园金桥科技产业基地环科中路 17 号（邮编：101102）
2022年6月第1版　2022年6月第1次印刷
幅面尺寸：170mm×240mm　印张：17.25　字数：277千

定价：45.00元

编 委 会

序言

成长幸福

弹指一挥间，《南海区学前教育"名师工程"实施方案》自落地至今已长达17年，在这17年的"爱情马拉松"式的学前教育名师培育路上，见证了南海学前名师一深一浅的成长足迹，见证了他们为提升专业实力而付出的一点一滴，见证了他们在智慧碰撞中的成就自我。

南海区作为全国首批"以园为本教研制度建设项目"实验基地，它在推进园本教研项目研究以来，已经形成了《南海区学前教育区域教研"南海范式"》（以下简称《南海范式》）。本书《名师教研》是《南海范式》的其中一个内容，当中精选的实例都是来源于南海区幼儿园一线教师在解决教育教学中的具体问题时开展的现场教研活动，包括教学策略、习惯培养、教师职业认识与技能三大内容。教师们运用头脑风暴、问题推进、案例分析、情景再现、录像诊断等多种教研形式，通过参与式、体验式的园本教研活动，让教师融入"研"中，在"研生""研师""研研"的活动中获得专业成长。这个"爱情马拉松长跑"终于结下了"累累果实"，一批又一批青年教师成长为南海区的骨干教师、南海区名师、名园长、南海区学科带头人、佛山市三名人才，甚至是名师工作室、名园长工作室的主持人，他们在各自的岗位上发光发热，同时传递着"爱的火炬"，成为培养教师的主力军。

细细翻阅此书，我时常忆起教师们那一幕幕边实践、边反思的专业成长情景，这些画面虽然略带微苦，但是恰恰体现了他们对待专业素养孜孜不倦、专注而投入的执着追求。

细细翻阅此书，我发现每个案例中都透射着共同的特点，值得我们思考。

一是扎实的实践是教师成长的基石。实干是基础，所有优秀教师的成功，都离不开长期扎实的教育实践。二是在自觉的学习中获取成长的养分。任何研究都是基于丰富而灵活多样的学习，构建学习共同体，向同伴学习，向书籍学习，等等。三是基于实践的反思是教师通向成功的桥梁。当遇到问题时，教师要鼓励自己运用研究的方式找到问题的答案，不断提醒自己多问几个是什么和为什么，不断地追问和思考教育的意义和价值，让研究成为习惯。我想，如此心怀美好的教育理想正是教师自主成长的幸福源泉。

名师是一颗颗火种，是有着巨大生命力和影响力的幸福种子。我们有幸能够陪伴名师们一路的成长与蜕变，我愿继续以爱浇灌，让更多的火种燃放光芒。为此，我们把组织园本教研活动的操作实录汇编成书，旨在通过经验分享，推进学习共同体的联动与共研，为园本教研带来活水，我们由衷希望此书能给幼教同仁带来帮助。由于作者的水平有限，书中难免存在不足之处，真诚期望同行们批评指正。

黄俏甜

2020年10月于南海

目 录

上 篇　关于教学策略的现场教研

中 篇 关于习惯培养的现场教研

下 篇 关于教师职业认识和技能的现场教研

上 篇
关于教学策略的现场教研

为了一节好课

何为一节好课?

从目标制定到过程设计,

从有效提问到灵活回应,

从激趣导学到层层递进

……

为了一节好课,

为了孩子的愉快游戏,

有这样一群人,在智慧激荡。

第一章 研——教学设计

如何进行教学活动目标和过程的设计

【教研背景】

在日常教学备课中，我们发现中、青年教师由于教学经验缺乏，在设计教学活动过程时往往存在以下一些问题：对重难点把握不准、没有围绕目标设计过程、目标的制定偏高或偏低、设计思路没加入自己的想法等。为提高中、青年教师教学活动的设计能力，我们开展了"如何进行教学活动目标和过程的设计"教研活动。

【教研目的】

引导中青年教师发挥集体智慧，根据幼儿的年龄特点共同探讨教学目标制定、教学过程设计，提高中青年教师教学活动的设计能力。

图1 教师们认真聆听执教老师的讲解

【教研准备】

1. 经验准备

教师熟读文章《教育活动目标制定需要注意的几个问题》，根据自己班级幼儿的年龄特点，预先设计好同一教案（这里以《话吉祥》为例）。

2. 物质准备

教研活动课件。

【教研形式】

案例分析、经验分享、同课异构。

【教研对象】

中青年教师。

【教研主持】

梁少敏。

【教研过程】

（一）分析与学习

1. 对比两个关于《球体》的活动设计案例

提问：你认为这两个案例的目标制定有什么不同？你认为哪个更合理？为什么？

主持人小结：第一个案例的目标笼统、抽象，比如，知道球体比圆滚得好。第二个案例的目标具体，比如，知道球体比圆滚得快，并能轻松地旋转。所以第二个案例的目标设定比第一个更能把握教学的侧重点，即圆与球体的不同点。

2. 围绕困惑，学习经验文章

（1）结合自己的教学经验，谈谈在制定教学目标方面存在的困惑。

（2）集体学习经验文章《教育活动目标制定需要注意的几个问题》。

（3）结合文章，谈谈自己学习后的收获和感受。

图2　教师们在积极探讨

主持人小结：教学活动目标是教师完成教学任务所要达到的要求和标准。我们要结合幼儿的年龄特点、各领域幼儿发展的规律和各学科的特点，以此来设计教学活动的目标和内容。

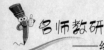

（二）讨论与设计

（1）主持人：今天我们就以《话吉祥》为例，进行同课异构，开展"如何进行教学活动目标和过程的设计"研讨。

（2）教师轮流讲述自己的活动设计，其他教师根据问题进行交流、探讨。

① 目标制定得合理吗？

② 重难点的设置合适吗？是否符合该阶段幼儿的发展水平？

③ 是否围绕目标逐层深入设计教学活动？渗透了哪些教学领域？

（3）主持人小结：《幼儿园教育指导纲要（试行）》里指出："各领域的内容相互渗透，从不同的角度促进幼儿情感、态度、能力、知识、技能等方面的发展。"因此，我们在设计活动时，要做到各领域之间相互渗透，保证目标与过程的一致性。目标的制定要体现幼儿情感、态度、能力、知识、技能等方面的发展，活动过程要围绕目标逐层展开，重难点的设置要体现教师的"教"，凸显幼儿的"学"。

图3　教师们根据问题进行交流、分享

【教研反思】

本次教研活动是针对中青年教师在教学活动设计中出现的问题而开展的，活动中教师能积极参与案例分析、经验分享等环节。通过自己设计的教学活动，教师们相互做出评价和提出建议，提高了教师自身的教学设计能力。为进一步提高教师设计教学活动的能力，突出活动中各领域间的整合性，我园下阶段将继续要求教师在平时的教学活动设计中注重目标和过程的设计，不断优化教学过程。

如何进行幼儿打击乐的活动设计

【教研背景】

目前，我园的教师群体在教育教学能力上出现参差不齐的现象，特别是新教师。在音乐领域教学中，虽然他们能开展歌唱、韵律、欣赏等音乐活动，但打击乐的教学活动存在短板，在活动中的指导策略尤为不足。根据教师自身情况和特点，以高低结构活动的研究为载体，我们开展"如何进行幼儿打击乐的活动设计"教研活动，旨在提高新教师开展打击乐的教学活动能力。

【教研目的】

（1）提高教师组织打击乐的教学活动能力，搭建教师互相交流学习的平台。

（2）发挥同伴互助的作用，让教师在研究实践中发现并解决问题。

【教研准备】

1. 经验准备

收集关于打击乐的资料以及个别教师打击乐教学案例，教师提前对打击乐活动做深入学习并收集相关资料。

2. 物质准备

各种打击乐器（铃鼓、串铃、三角铁、碰铃、响板、沙锤、鼓、锣）、油性笔、白纸若干。

【教研形式】

头脑风暴、实践体验、案例分析。

【教研对象】

幼儿园副班教师。

【教研主持】

陈洪霏。

【教研过程】

（一）了解幼儿园音乐活动及打击乐乐器的分类

1. 回顾幼儿园音乐活动的类型

（1）请各级组教师代表发言。

（2）主持人：幼儿园音乐教育类型一般包括歌唱、韵律活动、打击乐演奏、音乐欣赏。

2. 了解幼儿园打击乐的乐器种类

（1）请各级组教师派代表发言，可以补充回答。

（2）主持人：打击乐器是乐器分类名称之一，凡用打、击这类方式发声的乐器（打弦乐器除外）统称为打击乐（器）。幼儿园常用的打击乐器有铃鼓、串铃、三角铁、碰铃、响板、沙锤、鼓、锣等。

（二）研讨幼儿园打击乐器教学活动的目标与教学活动的内容

1. 研讨幼儿园打击乐器教学活动的目标

（1）请各级组教师派代表发言，可以补充回答。

（2）主持人：打击乐是用各种打击乐器配合乐曲演奏的一种器乐形式，它表现的基本手段就是节奏。针对教师们刚刚的发言，我们可以把打击乐器教学活动的目标分为以下三点：

① 能够辨别各种常见打击乐器的音色，掌握一些常见的节奏类型；在集体奏乐活动中，理解指挥手势的含义，知道如何与指挥者相配合。

② 喜欢探索乐器的演奏方法和音

图1 教师进行活动研讨

色变化的关系，能够运用已掌握的节奏型进行带有创造性的表现。

③ 能够利用乐器进行再现性和创造性表现，能够奏出和谐、美好、有表现力的音响。能够在集体奏乐活动中有意识地控制、调节自己奏出的声音，使自己与集体的演奏相协调，与音乐相协调。

（3）请各级组教师对三点内容进行选择，并说出理由。

（4）主持人小结：如在小班进行打击乐教学应先引导幼儿在敲打、摇动、抖动等动作中感受音响的效果及其带来的愉快感。因此幼儿在刚进行节奏乐训练时，只要按照一定的速度拍打，与音乐节拍一致即可。

对于中班的幼儿，教师可以逐步开展形式多样的节奏乐活动。例如将节奏融入游戏中，让幼儿在游戏中感受声音的基本特征，既练习了手的动作，又提升了辨别节奏感和控制手腕肌肉的能力。

2. 研讨幼儿园打击乐器教学活动的内容

（1）请各级组教师派代表发言，其他教师可以补充回答。

（2）主持人小结：打击乐曲、打击乐器演奏的简单知识技能，以及演奏的常规主要有以下几种。

① 打击乐曲。在幼儿园的打击乐器演奏活动中使用的"打击乐曲"一般可以分成两类。一类是伴随歌曲或旋律乐器演奏的器乐曲进行的打击乐器演奏乐曲；另一类是纯粹由打击乐器或替代性的打击乐器来演奏的打击乐曲。这些打击乐曲的演奏方案，有的是由专业音乐工作者创作的，有的是由幼儿园教师创作的，也有的是在幼儿教师的帮助下由幼儿自己创作的。（主持人可以展示范例让教师更清楚这是哪一类打击乐曲，演奏方案是由谁创作的）

② 打击乐器演奏的简单知识技能。幼儿在幼儿园的打击乐器演奏活动中，可以了解和掌握与乐器、配器、"指挥"和"看指挥"有关的知识技能等。（主持人可以让个别教师示范自己所了解的技能）

③ 打击乐器演奏的常规。集体打击乐器演奏常规包括场地管理的常规、乐器管理的常规，以及乐器演奏的常规等。

（三）研讨幼儿园打击乐器演奏活动的常规和材料选择的注意事项

1. 研讨幼儿园打击乐器演奏活动的常规

（1）请各级组教师派代表发言，其他教师可以补充回答。

（2）主持人小结：打击乐器演奏活动的常规包括活动开始和结束的常规、

活动进行的常规。（主持人可以让各组教师说说自己对这些常规的理解）

① 活动开始和结束的常规。听音乐的信号整齐地将乐器从座椅下面取出或放回。乐器拿出后，不演奏时须将乐器放在腿上或地上，不发出声音，眼睛也不看乐器。开始演奏前，按指挥者的手势整齐地将乐器拿起，做好准备演奏的姿势。结束演奏后，按指挥者的手势将乐器放回腿上或地上。活动结束后，在教师指导下自己收拾乐器和整理场地。

② 活动进行的常规。演奏时身体倾向指挥者，眼睛注视指挥者，积极地与指挥者进行交流。演奏时注意倾听音乐和他人的演奏，注意力集中，不做与演奏无关的事情。交换乐器时，须先将原先使用的乐器放在座椅上面，再迅速无声地找到新的座位，拿起新乐器，并坐下后马上把新乐器放在腿上，做好演奏准备。交换过程中不与他人或场内的座椅相互碰撞，坐下时不使座椅发出声音或发生移动。

2. 研讨幼儿园打击乐器演奏材料选择的注意事项

（1）请各级组教师派代表发言，其他教师可以补充回答。

（2）主持人小结：

① 乐器。在为幼儿选择打击乐器时一般应考虑乐器的音色、形状、大小和重量。乐器的音色要好，乐器的形状、大小、重量要适合学前儿童持握，乐器的特定演奏方法要适合相关年龄儿童运动能力的发展水平。

② 音乐。在为幼儿选择有关音乐时一般应注意节奏清晰、结构工整、旋律优美、形象生动鲜明；多为年龄较小的幼儿选择他们已经比较熟悉的歌曲、韵律活动曲或欣赏曲；为幼儿选择的含两个及两个以上乐段的乐曲，段落之间最好是对比鲜明的。

③ 配器方案。为幼儿选择的打击乐曲配器方案一般要适合幼儿使用乐器的能力；适合幼儿对变化做出反应的能力；配器音响效果与原来的音乐相协调；配器本身富于新颖性和整体统一美感。

图2　教师代表分享发言

3. 分组讨论并进行实际操作

（1）分析打击乐活动中《土耳其进行曲》的配乐方法。

① 以级组为单位讨论并分析教案《土耳其进行曲》。

② 教师轮流对《土耳其进行曲》的配乐方法进行说明研讨。

（2）以级组为单位分别设计小班的《虹彩妹妹》、中班的《加油干》、大班的《工农兵联合起来》并进行分享。

【教研反思】

本次的教研活动，教师能带着问题进行思考，发表自己的见解。在实践体验中，教师通过操作不同的乐器，分析打击乐器演奏材料选择的注意事项，能更深入、清晰地了解打击乐的指导策略，并能理清打击乐活动的注意事项，从而有效地提升教师组织打击乐教学活动的能力。

活动后，我们发现需要后续改进的有以下两方面：

（1）个别教师要善于总结日常活动经验，积极与同事进行交流、分享、切磋。

（2）活动后建议各教师在此基础上自己设计一个打击乐教学活动并付诸实践。

如何诠释我心目中的好课

【教研背景】

幼儿园的教育活动都是丰富多彩的,《幼儿园教育指导纲要(试行)》提出的"内容与要求"并没有列入课程内容的清单,而是通过对教师提出"做什么、怎样做和追求什么"的要求,将内容与教育环境、教师任务、幼儿活动、幼儿发展融合在一起。为使教师对"好课"标准有更全面、更深入的认识,我们开展了本次教研活动,旨在促进教师课堂教学质量的提升。

【教研目的】

(1)通过游戏、案例分析、总结提升、头脑风暴等教研形式,进一步更新教师教育理念,让教师们在群体互动中了解好课的组成元素。

(2)搭建反思平台来提高教师对集体教学的反思能力。

【教研准备】

1. 经验准备

做好收集案例、分析案例的准备。

2. 知识准备

教师自行学习相关理论和经验。

3. 物质准备

教研活动课件。

【教研形式】

游戏、案例分析、总结提升、头脑风暴。

【教研对象】

主班教师。

【教研主持】

曾晓明。

【教研过程】

（一）游戏——教师分组

（1）以"升级游戏"进行教师分组。

主持人：大家中午好，今天我们教研活动的内容是"我心目中的好课"。我们先来玩一个"升级"游戏，教师们用"剪刀石头布"的方法，赢了可以升一级，同一级的则为一组。

（2）游戏玩两次，直至把教师分成三组，每组三人。

（二）讨论——导入主题

1. 抛球游戏导入主题

主持人：在日常教学中，教师们为了上好一节教学活动课而各施其法。那么，一节好课应具备什么条件呢？你会想到用什么词语来形容一节好课呢？现在请每个小组先思考3分钟。

图1　教研活动游戏互动

主持人：游戏开始！我们以抛接球的游戏形式轮流说词，每组教师轮流说词并抛球，其他组的教师马上接球并说出一个形容一节好课的词语，不能重复。

　　廖老师：生动。

　　曾老师：操作性强。

　　叶老师：游戏贯穿活动。

　　邹老师：环环相扣。

　　徐老师：材料提供充分。

　　杜老师：选材幼儿感兴趣。

　　……

　　主持人小结：刚才教师们说了很多关于诠释一节好课的词语，其实把这些词语归纳起来我们不难发现，一节好课应从多元的视角出发，而不是追求内容空洞的"形式主义"。

　　2. 结合象征物交流对好课的诠释

　　（1）主持人出示三幅象征物图片：

　　第一幅："菜肴"。画面描述的是一盘色、香、味俱全的菜肴。

　　第二幅："项链"。画面描述的是一串晶莹夺目的珍珠项链。

　　第三幅："乒乓球"。画面描述的是一场扣人心弦的乒乓球赛。

　　（2）教师按意愿选择象征物，并根据象征物的不同随机组成三个小组，进行小组合作式的讨论交流，汇总意见后，推荐代表发言阐述。

　　主持人：以上哪样东西最能诠释你对好课的理解？现在请每组教师选一幅象征物，通过讨论，把象征物与好课联系在一起并分享。

　　A组教师：我们组认为乒乓球比赛画面就代表一节好课，这告诉我们在课堂中应该随机应变，能随时接过幼儿抛来的球，并抛还给幼儿。（这里可以让教师适当举例说明）

　　主持人：A组用乒乓球比赛来诠释一节好课，关于抛接球这一方面的观点在我们的实际教学活动中并不容易，教师往往只走过场，有时会忽视幼儿的回应。一些教师只会用"真棒""真不错"之类的语言来回应幼儿，缺乏有针对性的引导。因此，教师在与幼儿相互发球、接球的过程中，要注意技巧的运用。教师有时面对幼儿的问题，可以"正面发球"，直接告知；有时可以打个"擦边球"，采用侧面引导的方式。

　　B组教师：我们组认为应用珍珠项链来形容一节好课。活动中每个环节应

该环环相扣。（这里可以让教师适当举例说明）

主持人：也许项链给人的第一感觉是华而不实，但我们可以从另一侧面体会华丽背后的真实。教师是穿珠人，而幼儿是珠子，在活动中教师始终处于主导地位，幼儿处于主体地位，在教师主导性的穿针引线中，每位幼儿都能找到自己的位置，并最大限度地发挥各自的潜能，这不正是一节好课所追求的吗？

C组教师：我们组认为应用菜肴形容一节好课。活动中应准备充分，紧扣目标。（这里可以让教师适当举例说明）

图2　教师代表分享策略

主持人：C组的教师以一盘菜肴来诠释一节好的课。一节好课是耐人寻味的，就像一盘色、香、味俱全的佳肴，让人回味无穷。一堂好课中的整合就如一盘菜肴，既要有主要领域的凸显，又要有不同领域间的有机融合，更要有共同目标的追求。让品菜的人、让求知的孩子吸取更多的营养。总之，整合需要正确地寻找课程之间的联系点，而不是片面地追求形式。

（三）实操——案例分析

主持人：相信通过前面的讨论，教师们基本了解了一节好的教学活动课所具备的条件了，下面我们就通过一个案例来讨论该教师在活动中采用的指导策略是否适宜。

主持人：说说你对这位教师在活动中指导行为的看法。

谢老师：我认为这种方法不太好，应该多给幼儿机会，让他们去尝试穿绳子，不能协助幼儿穿了一次线后就由教师完全包办。

梁老师：这个过程当中也有好的地方。首先，当幼儿穿不了线的时候，教师鼓励他试一试。其次，教师与幼儿一起穿，从中鼓励了幼儿。

主持人：案例中虽然教师在现场的处理方式比较直接，但当幼儿陷入困境且可能因此而放弃时，教师能通过示范让幼儿"绕"过这一个"拦路虎"，这本身是值得肯定的。

但案例中的问题在于幼儿在操作中遇到的这个困难在教师眼中不应当只是一次性的行为表现，不可以认为帮助幼儿解决了现场的困境就意味着这个问题完全解决了。相反，教师应当将幼儿在活动中遇到的问题看作幼儿经验和能力的反映，看作幼儿发展中的不足并加以引导。教师在教学活动中应该对问题有敏锐的判断力，应意识到个别幼儿的问题其实可能是一个具有普遍性的问题，更是一个有价值的教育契机。

因此，为了避免个别幼儿日后碰到类似困难时仍求助于教师，教师可以在后续活动中将"一根细棉线如何穿过纸上的小洞"这个问题拿出来集体讨论，也可以就幼儿当时的表现进行有针对性的个别指导。我们知道，凡事都不可能一次性解决，不留下任何"尾巴"。但我们提倡的是充分挖掘教学活动过程的教育价值，灵活地将现场未能或不宜解决的问题留到后面去解决和展开。

（四）感悟——总结提升

（1）教师各自提出自己在教育教学中存在的疑难问题，讨论后并从中凝练新的研讨话题。

（2）主持人总结："教学有法，教无定法。"衡量一节好课没有统一的标准，即使是上述的三种象征物加起来也无法体现它的全部。但是有一点是肯定的，一节好课应该是真实自然，以幼儿为本位的。正如叶澜教授所说的："宁可留下真实的遗憾，不要追求虚假的完美。"衡量一节好课的标准不在于它有多么成功，而在于它的实质性内涵。不论是成功的经验还是失败的教训，都能从不同角度给人以借鉴和启迪，那就是一节好课的核心价值所在。

【教研反思】

活动中教师们能围绕"我心目中的好课"这一主题积极主动地交流讨论，最后达成共识："一节好课应是真实自然的，以幼儿为主体。"

这次活动有待改进之处有以下两点：

（1）每一次活动的目的、研究任务一定要具体明确。

（2）主持人要善于通过多种措施鼓励参与者积极参与，敏锐地掌握问题，对新问题要有调控能力。

附：案例分析材料

问题的产生与现场解决

在一次以"风筝"为主题的系列活动中，教师要求幼儿自己选择材料做风筝，教师则在过程中提供一些必要的帮助和指导。活动中，一个男孩跑来找教师。他一手拿着一张钻了一个小洞的纸，一手拿着一根又细又长的棉线，说："老师，线穿不进去。"教师蹲下来看了看，对他说："你再试一试。"男孩很勉强地试了试，还是没有成功。教师说："我们一起穿吧！"于是教师把着男孩的手将线头穿了一点过去。不一会儿，男孩又来了："老师，线掉了。"这一次，教师帮他将线完全穿了过去。

如何进行同一绘本不同课时的教学设计

【教研背景】

图画书对幼儿的全面发展具有深远影响，但如果教师只以故事形式进行教学，具有明显的局限性。如何让绘本教学设计更全面、更有价值呢？我园开展了"同一绘本不同课时的教学设计"教研活动，旨在通过不同课时的教学，让教师了解并学习绘本阅读的教学策略和方法，让幼儿爱上阅读，使绘本真正发挥其独特的教育价值。

【教研目的】

（1）通过对绘本《我的妹妹是跟屁虫》展开四个课时的教学，重点探讨不同课时的有效教学策略。

（2）研磨活动目标，了解不同课时活动之间的关系。

（3）通过教师的反思、分享，使教师在相互学习中汲取别人的教学经验，从而提高自己的教育教学能力。

（4）让教师在互动过程中共享团队的快乐，并学习在团队中互助。

【教研准备】

1. 物质准备

四位教师分别做《我的妹妹是跟屁虫》第一、第二、第三、第四课时的教学准备，课例教案每人一份。

2. 知识准备

教师自行学习关于绘本教学策略的相关文章。

【教研形式】

体验式教研、现场观摩、分组研讨。

【教研对象】

全体语言教师。

【教研主持】

李海燕。

【教研过程】

（一）暖场游戏导入

（1）暖场游戏：请你跟我这样做。

（2）主持人：当我们跟着别人做动作的时候，会觉得很开心，在绘本《我的妹妹是跟屁虫》中，妹妹也总是学哥哥说话和做动作，不知道哥哥的心情会怎样？今天，我们借助绘本《我的妹妹是跟屁虫》开展"同一绘本不同课时的教学策略研究"教研活动，研讨绘本在不同课时中目标的制定、不同课时的策略运用等等，以此提升我们的绘本教学能力。下面请观摩《我的妹妹是跟屁虫》第一、第二、第三、第四课时展示活动。

（设计意图：通过体验游戏，活跃现场气氛。）

（二）现场课例观摩

1. 课例呈现

观摩《我的妹妹是跟屁虫》第一、第二、第三、第四课时展示活动。执教教师分别介绍各活动的目标和设计意图。

2. 相互讨论

部分教师点评并引出话题：同一绘本、不同课时，该运用哪些教学策略？

（设计意图：教师以绘本教学活动《我的妹妹是跟屁虫》不同课时展示

图1　教学案例现场观摩

为契机，开展分享互动研讨，探索同一绘本、不同课时的有效教学策略。）

（三）分组研评交流

1. 策略研讨

主持人：在观摩了"我的妹妹是跟屁虫"四个课时的展示活动以后，教师们都发现了，每一个活动的目标不同，教师所运用的教学策略也有不同。刚才，大家都对"同一绘本不同课时的有效教学策略运用"这个问题提出见解。现在我们分成四组，每组研讨一个课时的教学策略，然后把研讨的结果以自己的方式记录在大海报上，由小组的代表进行分享。

图2 教师策略研讨，智慧碰撞

2. 观点碰撞

经过热烈讨论后，各小组就自己的讨论结果和大家进行交流分享。

第一组代表：第一课时的目标定位很准确，重点确定为"前阅读"，主要目标是从画面中获取信息，了解故事的全貌，教师运用教师导读、自主阅读、完整阅读三种教学策略来达成教学目标。观察画面作为一个关键策略，目的是培养幼儿的观察力、联想力和判断力，即通过观察画面的每个细节，想象可能会发生的故事情节，并对故事的前因后果进行推测和判断。这是对幼儿综合能力的培养，也是激发幼儿阅读兴趣的有效手段。

第二组代表：第二课时的重点主要是进一步理解故事中人物的情感和心理变化。通过语言、图片、文字等多种形式对幼儿进行"前识字"的渗透培养，提升幼儿对文学元素的感受能力，使幼儿不仅能读懂画面，还能够了解画面传递的情感信息，以及角色的心理变化过程。教师运用了一个关键的策略：游戏体验角色。教师引导幼儿学习用"你真是全世界最XX的人"的句式来赞扬别人，在游戏中感受同伴间互相赞扬的喜悦，平时我们的绘本教学也可以运用这种策略。

第三组代表：第三课时的重点是幼儿对绘本的经验拓展，对已有经验进行梳理，与第一、第二课时的目标有逐渐深入、层层递进的关系。这一课时的定位是"前书写",关键的策略是整合其他领域的学习。教师鼓励幼儿大胆想象可能会发生的故事情节,引导幼儿学习用纸笔记录自己的想法,让幼儿在活动中体验书写的乐趣。

第四组代表:第四课时关键的策略是挖掘绘本的现实价值。《请说甜甜话》是前三个课时的整合活动,目的是对幼儿进行礼仪养成教育,落实我园的"全语言教育特色"课程。

3. 归纳提升

今天,通过一系列课例的呈现和研讨,四个小组的代表分别对于"同一绘本四个不同课时的教学策略"做出了阐述,我们来梳理一下。

第一课时:目标定位"前阅读",关键策略是引导观察、教师导读、自主阅读、完整阅读。

第二课时:目标定位"前识字", 关键策略是无意识字、发展语言,游戏体验角色。

第三课时:目标定位"前书写", 关键策略是阅读想象,完成创作。

第四课时:目标定位"拓展", 关键策略是挖掘绘本的现实价值。

教师们对绘本价值的解读、不同课时的重点和目标制定、适宜的策略运用都有了深层次的思考,相信通过本次研习,会对教师今后的绘本教学有一定的帮助。

(设计意图:教师通过对同一绘本的四个课时的教学策略进行研究和梳理,重点归纳不同课时的重点教学策略。)

【教研反思】

本次园本教研以《我的妹妹是跟屁虫》这一绘本进行"同一绘本不同课时的教学设计"研讨,教师们在观摩课例、研讨交锋中对不同课时开展的目标和策略,有了进一步的认识和了解,他们认为:

(1)教师的提问与回应策略相当重要。

(2)每一课时的设计都要与前、后课时紧密衔接。

(3)每一课时应该有不同的目标、重难点的制定以及教学策略。

此次绘本教研活动的开展,提升了教师们的思辨能力,加深了教师对绘本教学策略的理解,提高了本次教研活动的实效性。

如何有效合理地组织体育活动

【教研背景】

《幼儿园教育指导纲要（试行）》明确提出："在体育活动中，培养幼儿坚强、勇敢、不怕困难的意志品质和主动、乐观、合作的态度。"在体育活动组织中，教师们发现了一些常见的问题，如活动形式单一，策略简单，流于形式，活动质量不高，目标无法达成，等等。基于以上问题，我园开展了"如何有效合理地组织体育活动"的研讨活动。

【教研目的】

（1）结合现场教学活动观摩及点评，深入思考幼儿园体育活动的有效组织形式，探索在体育教学活动中适宜的、有效的教学策略，促进幼儿的身心发展，以此形成具有我园特色的且适合各年龄段幼儿的体育教学模式，从整体上提高我园体育教学活动水平。

（2）为教师搭建互动研讨与交流的平台，帮助教师解决实际工作中遇到的问题，提高教师参与研究的主动性和积极性，进而使教师能以研究的态度、发展的眼光，逐步完善本园特色的体育教学模式，整体提高我国体育教学活动水平。

【教研准备】

经验准备：用调查问卷的形式了解本园教师在组织体育活动中所遇到的问题，并进行梳理和汇总。

【教研形式】

体验游戏、现场课例观摩、小组沙龙、分享互动。

【教研对象】

全体副班主任。

【教研主持】

杜翠菊。

【教研过程】

（一）体验游戏

（1）主持人：今天，我们将要观摩的活动是"超级篮球宝贝"，现在，让我们也来当一回小朋友，两人一组，先来玩"抛接球"的游戏。

（2）教师体验游戏。

（3）各小组成员简述游戏情况和在游戏过程中的感受。

（4）小结：通过玩这个游戏，大家的共识是：教育要从幼儿的需要、已有经验出发，及时调整手中"球"的力度和远度，以使幼儿有能力、有兴趣去"接住我们抛过去的球"；教师也应及时接住幼儿抛出的"球"，善于捕捉有价值的信息。下面，让我们一起来观摩大班体育活动：超级篮球宝贝。

图1　现场课例观摩

（设计意图：教师通过体验幼儿的游戏，活跃现场气氛；通过体验幼儿的游戏，更加了解幼儿在活动中的感受和体会，从而反思我们的教育。）

（二）课例观摩

（1）观摩课例：大班体育活动《超级篮球宝贝》。

（2）执教教师介绍活动的目标和设计意图。

（设计意图：教师以体育活动"超级篮球宝贝"话题为契机，开展分享互动研讨，探索如何有效合理地组织体育活动。）

（三）小组参与式研讨

（1）主持人：通过观摩课例，我们进行分组研讨，围绕如何有效合理地组织体育活动，包括内容的选择、音乐的呈现、动作的学习、情景的设置、规则的建立、道具的摆放等方面。请每个小组重点讨论一个问题，提出合理、有效的体育教学方法。

（2）分组研讨并互动。

（3）小组代表发言并分享。

① 关于内容的选择：在幼儿园的大班、中班、小班都可以开展篮球运动，但是，小班的教学目标要低一些，而中班、大班的教学目标会更高一些；另外，教师还可以根据幼儿的掌握情况对教学目标做出临时调整。刚才观摩的这节活动中目标完成得很好，所以加了"在行进间拍球"的动作也能顺利完成。

② 关于音乐的设置：在体育活动中，音乐可以调动幼儿的情绪，让幼儿投入到活动中，气氛也更为热闹；在这个活动中，教师选取了节奏鲜明的音乐，让幼儿在拍篮球时显得更有节奏感。但是，在活动的热身环节中，是不是一定要用音乐才能调动幼儿的兴趣呢？也不一定，活动中教师用声音跟幼儿互动，也是很好的暖场方法。

③ 关于动作的学习：在学习拍篮球的动作时，教师强调了用右手拍，这样限制了幼儿的动作，实际上，左手、右手拍都没问题，关键是教师要示范正确的拍球动作，分解动作讲解，降低学习的难度；教师不应该强化错误的动作，应强调、示范正面的动作；更为关键的是，教师在幼儿练习拍球的时候应有个别指导。

④ 关于情景的设置：一部分教师认为，在这个活动中，如果能设置成一个情景，然后用游戏的情景和游戏的口吻来进行，效果会更好。但另一部分教师认为，在体育活动中"体"应该排在最前面。一个活动，如果用了很多的时间去说话和铺垫，形式大于实际，反而使幼儿运动的时间和运动量减少，难以达到效果。因此我们总结：用游戏化的情景组织幼儿活动固然是好的，但一定要注意言简意赅，不要喧宾夺主，让幼儿有充足的运动量。

⑤ 关于规则的建立：活动的组织很好地强调了规则，尤其是在拿球、放球的环节，幼儿的规则意识都很好，整个活动看起来非常有序。教师们注意到了一个细节：当幼儿们拿到球以后，肯定都很想拍一拍、玩一玩，但是，这样一来，秩序就很乱。我们可能就会大声喊："停！不准玩！听我说！"但上课的教师不是这样做的，他只是要求幼儿"把球举高"，幼儿听到指令，把球一举高，自然就留下给教师说话的时间，而不会只顾着自己玩球，不知道教师说什么了。教师跟幼儿玩一些小游戏：当他们小声时，我故意大声一点；当他们大声时，我故意小声一点。声音的对比往往能让幼儿更注意听"教师到底在说什么"，这些都是好的方法。

⑥ 关于道具的摆放：今天教师的篮球筐摆放的地方不是很好，幼儿容易撞到。有教师认为，篮球筐放在队伍的前面好，这样幼儿不容易撞在筐上；放在柱子的旁边也没有问题，因为柱子是一个很大的参照物，幼儿一般不会撞过去。虽然篮球筐摆放的位置看起来是小问题，但是关系幼儿的安全问题，应该引起足够的重视。

（4）主持人总结：教师要组织一个体育活动，不但要考虑活动的内容和目标是否符合幼儿的年龄特点，组织形式要实用而灵活，保证幼儿的运动密度，示范的方法要正面、规范，还要建立明确、清晰的规则，道具的摆放也不能忽略，一定要考虑幼儿的安全问题。

（设计意图：教师通过分组研讨，探索合理、有效的体育教学方法。）

【教研反思】

本次的教研活动让教师们以自己所积累的经验去看待问题、分析问题，通过集体力量梳理一些行之有效的策略，形成共享的群体资源。

本次教研活动就"如何有效合理地组织体育活动"研讨，有了以下几点共识：

图2　教师课例研讨分享

（1）教学目标要清晰明了，符合幼儿的年龄特点。

（2）教学内容的选择要把握难易程度。

（3）活动设置要体现练习的时间和强度。

（4）动作示范要正面、规范，更利于幼儿学习与掌握。

（5）场地器材的安排要合理，重视幼儿的安全问题。

如何优化中班体育活动教学环节

【教研背景】

教学环节既是一堂课的结构，又是为了实现教学目标而设计的一系列任务板块的组合，其之间的协调与促进是课堂教学成败的关键。为提高教师的教育教学水平，针对教师在组织体育活动中教学环节设计常出现的问题，我园通过"同一位教师对同一教学内容在中班不同班级连续三次的研课"活动，寻找课堂教学环节优化可行性的策略，旨在过程中解决我们的疑难与困惑。

【教研目的】

（1）整合教学目标三维度，优化教学环节，使其融通渗透。

（2）理清体育教学中的重难点。

（3）增强教研活动的有效性，促进教师成长。

【教研准备】

听课本、笔、摄影器材。

【教研形式】

一课三研。

【考研对象】

（1）教师专业发展工作坊（健康坊）成员（共7人）。

（2）梁静文老师执教中班体育活动《走高跷》。

表1　体育教学活动安排表

时间安排	参加人员	执教班级	上课地点
4月5日下午3：15—4：30	健康坊全体成员	中一班	操场
4月11日上午9：30—11：00	健康坊全体成员	中二班	操场
4月16日上午9：00—11：00	中心幼儿园总园及分园教师	中三班	操场

【教研主持】

梁静文、颜洁灵。

【教研过程】

（一）第一次尝试执教

1. 试教与观摩

（后附教案）

2. 执教者自我反思

教学的主次不够突出，教学环节的时间分配不尽合理，教学目标没有完成。例如，在第二个环节中重点应该是掌握踩高跷的方法，但在教学环节中这部分很快就跳到练习踩高跷过障碍物、踩高跷跨水沟这两方面，有点操之过急。我觉得把学习任务适当放到第三环节，在游戏中解决，那么环节的创设就更能体现层次性。

3. 同伴互动

谭老师：针对目标一尝试高跷的不同玩法这一点，在教学环节里没有体现出来。高跷除了踩着走还可以有哪些玩法？"尝试高跷的不同玩法"是否在表述上有错误？

关老师：在本次活动中，我发现还有小部分的幼儿没有掌握踩高跷的方法。我感觉应该在第二个环节里教师用简洁的语言提醒幼儿高跷的玩法，或是请走得好的小朋友分享一下，这样会不会更能让幼儿掌握方法呢？

何老师：我觉得开场喊口令较为呆板，建议使用动感强一点的音乐，幼儿在练习或是游戏时也放一些轻快的音乐，活跃课堂的气氛。

简老师：我觉得游戏的材料使用不够灵活，是否可以选择一些比较灵活的材料呢？

颜老师小结：整合大家的建议，我们把目标稍微进行调整，环节二我们重点是解决幼儿们掌握踩高跷的方法，环节三再进入游戏，把学习任务适当放进来。我建议环节三的游戏应该有梯度，如直线与曲线，或是从低到高的过渡。

附：教案1

《走高跷》

一、活动目标

（1）会走高跷并尝试高跷的不同玩法。

（2）提高身体平衡能力和手脚协调能力。

二、活动准备

每人一副高跷、哨子、椅子。

三、活动过程

1. 准备活动——高跷操

教师边喊口令，边带领幼儿做"高跷操"热身，激发幼儿参与活动的兴趣。

2. 自由探索活动

（1）幼儿自由探索高跷的玩法，可以自己玩，也可以和好朋友一起玩。教师鼓励幼儿想出不同的玩法。

（2）教师请个别幼儿示范，并鼓励其他幼儿尝试各种玩法。

（3）教师培养幼儿重点练习踩高跷过障碍物、踩高跷跨水沟。

3. 游戏：勇者大闯关

（1）教师介绍游戏名称，讲解游戏方法和规则。

幼儿分成四组，两组相对站立。第一名幼儿踩着高跷从起点出发，越过障碍物（椅子），跨过"小水沟"，将高跷给对面的幼儿。依次类推，最先完成任务者获胜。

（2）幼儿游戏一次，教师巡回指导，并对于个别有困难的幼儿进行适当的指导。

（3）教师对游戏中出现的问题进行简单讲解后，再次进行游戏。

四、结束活动

（1）教师带领幼儿做放松运动。

（2）教师与幼儿一同整理各种器械。

（二）第二次尝试执教

1. 试教与观摩

（后附教案）

2. 执教者自我反思

整个活动下来，幼儿的积极性、参与性较强。开始部分在动感音乐的烘托下幼儿轻松、活跃地加入热身运动，为开展走高跷活动做了一个比较好的铺垫。基本部分重点解决掌握走高跷的方法是达到了，只有一小部分的幼儿掌握得不是很熟练，个别需要教师的帮助。但是在环节时间调控的把握方面掌握得

图1　执教者反思分享

不是很好，所以在玩高跷的环节里出现时间不足，有点走过场的感觉。对于小部分已经掌握走高跷的幼儿来讲，他们会出现比快的现象。

3. 同伴互动

罗老师：在开始部分和走高跷环节我们可以看到教师能尽自己最大的努力力激发幼儿的运动兴趣，真正做到"善导"。特别是走高跷这个环节，教师通过先摸索后示范，先讲解再尝试，让幼儿逐渐掌握走高跷的方法。同时，教师能够真正关注每一个幼儿的表现，针对幼儿本身的不足进行个别指导。在熟悉环节后，我觉得需要把每个环节都进行时间控制。

简老师：我认为这次试教的道具使用较为合理。材料的选择注重安全性，使用灵活。游戏场地布置与人员活动的站位都需要做相应的调整，这样可以节约时间，让游戏更高效。

何老师：玩高跷这个环节应该是这个活动的难点，也是我们为目标二提高身体平衡能力和手脚协调能力而设计的一系列任务板块。我觉得我们设计的游戏环节对中班的幼儿有一点难度，幼儿刚刚掌握走高跷的方法，马上就是不同程度上的三个考验。因此，我们要根据大部分幼儿掌握走高跷的程度去设计游戏的难度。

颜老师小结：本次试教幼儿的参与性强，教学重点得到解决。教学难点在玩高跷这个环节需要调整，游戏设计由易到难逐步提高，考虑的是幼儿们活动成功的体验，游戏强调安全性不讲求速度；同时，亦能够体现活动的梯度。

附：教案2

《走高跷》

一、活动目标

（1）会走高跷并尝试走高跷过障碍物。

（2）提高身体平衡能力和手脚协调能力。

（3）感受高跷游戏所带来的快乐。

二、活动准备

高跷每人一副、录音机、音乐、横额、雪糕筒和组合棒。

三、活动重点

幼儿学习走高跷。

四、活动过程

（一）开始部分：准备运动，为学铺路（预计用时5分钟）

1. 跑步热身（播放动感音乐）

师：小朋友们好，今天，梁老师要和大家一起进行体育活动。我们先跑步热身，来，let's go!

2. 做腿部操

师：大家站队，我们一起做腿部操。

（二）基本部分：创设情境，高跷游戏（预计用时16分钟）

1. 走高跷

（1）集体尝试，摸索玩法。（播放轻音乐）

师：老师今天带来了一个玩具，你们知道这个玩具叫什么名字吗？你们会玩吗？好，现在每人上来取一副高跷玩，听到哨子响，请回来自己的点上。

（2）个别示范，分享经验。

师：刚才我们都尝试走了一下高跷，现在哪两个小朋友上来示范一下？大家觉得他们走得怎么样？为什么有的站不上去？有的站上去了但走不稳？而有的小朋友却走得很稳？

（3）教师小结，经验点拨。

老师边示范，边讲述说：我们在走

图2 教师在进行体育活动教学

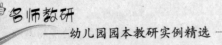
高跷时，要用脚底中心踩在高跷上，双手拉直绳子，身体不摇晃，眼睛向前看。

（4）集体练习，掌握秘诀。

师：我们再来练习一下吧。

2.玩高跷

（1）勇闯一关，获取勋章。

师：在大家的面前有两条独木桥，我们要踩高跷安全通过独木桥到对面的草地上才可以领取小勇士勋章。

（2）勇闯二关，收获胜利。

师：第二关我们要踩高跷跨过跨栏（矮），你们有没有信心？我们都来尝试一下。

（3）勇闯三关，挑战自我。

①加大难度，个性发展。

师：第三关我们要踩高跷跨过跨栏（略高）。

②鼓励支持，挑战自我。

师：如果你觉得实在不行，那可以跨过矮的跨栏；如果你觉得你能行，那就可以跨过高一点的跨栏。

（三）结束部分：活动小结，放松离场（预计用时5分钟）

（1）小结活动。

（2）教师带领幼儿做放松运动。

（三）第三次尝试执教

1.试教与观摩

（后附教案）

2.执教者自我反思

通过对《走高跷》这一教学内容连续三次的"施教——研讨——改进"的研究表明，把教学环节进行有效的调整，从开始的热身活动到学习走高跷，再用游戏的方式让幼儿感受玩高跷的乐趣，可以提高幼儿身体的平衡能力和手脚协调能力。我觉得一节好的教学活动要做到深入教案，教师头脑有目标，心中有计划，当遇到突发的情况或是偏离预设情况时要做到不慌张，接受幼儿的现有水平，尽量引导幼儿在自我水平上得到提高。教师的课堂情绪与鼓励语言也很重要，这些都能够直接或是间接影响幼儿的表现。

3. 同伴互动

简老师：教学思路清晰，环环相扣。

关老师：本次活动教师能够注意分类指导，关注每一个幼儿的表现，不落下一个幼儿，根据教育活动的实际情况及时调整节奏，比第二次的试教更高效。

何老师：玩高跷环节幼儿们都能够顺利通过，能体验成功的喜悦，幼儿在获得成功的情况下对于走高跷活动，他们更喜欢了。

颜老师小结："一课三研"的教研方式，让我们形成了一个善于理解、善于合作、交流互动、共同提高的教研氛围，营造了一个"相互支撑"的氛围，群体研究的力量使活动在实施中发挥最佳的效果，使活动在实践中得到最佳的展现，更使教师在共同分析、互相探讨、争辩反思的过程中得到了专业的发展。

图3　教师进行互动建议

附：教案3

《走高跷》

一、活动目标

（1）会走高跷并尝试踩高跷过障碍物。

（2）提高身体平衡能力和手脚协调能力。

（3）感受高跷游戏所带来的快乐。

二、活动准备

高跷每人一副、录音机、音乐、雪糕筒和组合棒。

三、活动重难点

重点：学习走高跷。

难点：尝试走高跷过障碍物。

四、活动过程

（一）开始部分：准备运动，为学铺路（预计用时4分钟）

（1）教师带领幼儿跑步热身。

（2）教师带领幼儿做腿部操。

（二）基本部分：创设情境，高跷游戏

1.走高跷（预计用时9分钟）

（1）集体尝试，摸索玩法。

（2）个别示范，分享经验。

（3）教师小结，经验点拨。

（4）集体练习，掌握秘诀。

①幼儿尝试踩上高跷练习。

师：我们先掌握用脚底中心踩在高跷上，手拿稳线了，上，（幼儿踩上高跷）好，下（幼儿站在地面）。再来，上，下。

②幼儿尝试原地走高跷。

师：现在我们尝试在原地走高跷。

③幼儿尝试向前走动。

师：来，注意双手拉直绳子哦，1，2，1，2……很好，现在我们都掌握了走高跷的秘诀。

2.玩高跷（预计用时9分钟）

（1）直线走高跷。

（2）S型过雪糕筒。

（3）踩高跷跨过跨栏（矮）。

（三）结束部分：活动小结，放松离场（预计用时3分钟）

（1）小结活动。

（2）教师带领幼儿做放松运动。

【教研反思】

首先，本次安排同一位教师在同级不同班对同一教学内容连续三次的"施教——研讨——改进"，使教师在不断地试教和研讨中，明确了中班体育教学活动环节优化的策略。在整个教研活动推进过程中，体育活动的环节经历了多次的修改，具体调整见下表：

表2 中班体育活动环节三研调整表

一研	二研调整	三研推进
一、准备活动：高跷操 二、自由探索活动 （1）幼儿自由探索高跷的玩法，可以自己玩，也可以和好朋友一起玩，教师鼓励幼儿想出不同的玩法。 （2）请个别幼儿示范，并鼓励其他幼儿尝试各种玩法。 （3）重点练习踩高跷过障碍物、踩高跷跨水沟。 三、游戏：勇者大闯关 四、结束活动 （1）教师和幼儿一起做放松运动。 （2）教师和幼儿一起整理各种器械。	一、开始部分：准备运动，为学铺路（预计用时4分钟） （1）教师带领幼儿跑步热身（播放音乐）。 （2）教师带领幼儿做腿部操。 二、基本部分：创设情境，高跷游戏（预计用时17分钟） （一）走高跷 （1）集体尝试，摸索玩法（播放音乐）。 （2）个别示范，分享经验。 （3）教师小结，经验点拨。 （4）集体练习，掌握秘诀。 （二）玩高跷（播放音乐） （1）勇闯一关，获取勋章。 （2）勇闯二关，收获胜利。 （3）勇闯三关，挑战自我。 三、结束部分：活动总结，放松离场（预计用时4分钟） （1）小结活动。 （2）教师和幼儿一起做放松运动。	一、开始部分：准备运动，为学铺路（预计用时4分钟） （1）教师带领幼儿跑步热身（播放音乐）。 （2）教师带领幼儿做腿部操。 二、基本部分：创设情境，高跷游戏（预计用时9分钟） （一）走高跷 （1）集体尝试，摸索玩法（播放音乐）。 （2）个别示范，分享经验。 （3）教师小结，经验点拨。 （4）集体练习，掌握秘诀。 ①幼儿尝试踩上高跷练习。 ②幼儿尝试原地走高跷。 ③幼儿尝试向前走走。 （二）玩高跷（预计用时9分钟） （1）直线走高跷。 （2）S型过雪糕筒。 （3）踩高跷跨过跨栏（矮）。 三、结束部分：活动总结，放松离场（预计用时3分钟） （1）小结活动。 （2）教师和幼儿一起做放松运动。

其次，我们也形成了以下共识：

1. 理清三维教学目标，使教学环节融通渗透

教育活动的目标应尽可能包含情感态度、认知、行为三个方面的内容，以知识与技能的培养为载体，在过程中逐渐引发情感态度的形成，顺利地完成了预期的教学目标。

2. 分析学习的重难点，将教学环节重点突出

教学活动中总会有重点学习的、难以掌握的内容，教师要善于分析活动的重难点，在教学环节的设置中要体现是如何突破重难点的。

3. 合理分配活动时间，让教学环节更具实效

教师根据幼儿学习情况，灵活做好时间的加减法，确保各教学环节能有效开展。

如何巧用简易材料设计教学活动

【教研背景】

托尔斯泰说："成功的教学所需要的不是强制，而是激发学生的学习兴趣。"有效的操作材料能提高幼儿的学习兴趣，教师如何就地取材，将身边随处可见的简易材料运用到教学活动中呢？本活动通过利用身边简易材料设计教学活动，充分展现幼儿园教师的专业水平和弘扬他们勇于创新的精神。

【教研目的】

（1）通过利用身边容易找到的简易材料设计教学活动，充分展现幼儿园教师的专业水平。

（2）通过启发性游戏、讨论交流、头脑风暴等研讨活动，让教师能根据幼儿不同年龄阶段设计不同层次的活动，培养多样化的创新思维，进一步提高教师的专业化水平。

【教研准备】

1. 物质准备

积木、时钟、绳子、报纸、纸杯、夹子、粉笔、教研活动课件、投影仪1个、1个纸箱、4张大白纸、小纸条若干、圆珠笔、大头笔若干。

2. 知识准备

主持人提前设计利用简易材料开展的大班跳远活动。

【教研形式】

头脑风暴、同课异构。

【教研对象】

全园教师。

【教研主持】

林翠丽。

【教研过程】

（一）教学活动设计

1. 教学主题

大班体育活动：双脚立定跳远。

要求：

（1）在活动中，应选用幼儿园里最常见的、容易找到的、随手可得的材料。

（2）所设计的活动要体现教师对幼儿的现阶段实际水平的了解。

（3）具有趣味性，能够体现幼儿参与活动的自主性，并能够在活动中不断挑战自我，超越自我。

2. 教学活动

教师分三组对大班体育活动：双脚立定跳远进行25—30分钟的教学活动设计。

（二）教育经验分享

（1）分享交流。

① 各组派1—2名教师进行教学活动设计分享。

② 集体评价讨论：活动设计是否符合上述要求？

（2）主持人：引导教师了解简易材料利用的实用性，让我们更省时省力地达到活动目标。

① 主持人出示提前设计的教学活动方案。

利用一支粉笔在地上画两条线（如图2所示），直线为起跳线，波浪

图1　现场教研，交流分享

线为目标线，幼儿自己选择一个点作为挑战目标。当幼儿跳过这个点之后，教师帮助幼儿用粉笔在该点记下名字，然后鼓励其挑战另外一个更远的地方，或者去挑战别人跳过的地方。如果有幼儿跳过曲线最远处，那么可以在原来的曲线的上面再加多一条曲线，让幼儿挑战自我、超越自我。

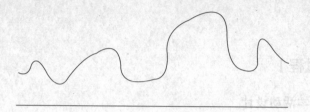

图2　波浪线示意图

② 教师思考：主持人设计的教学活动方案是否达到了三个要求？通过互动，让教师明确了简易材料利用的好处。

（三）探讨交流：简易材料的有效辅助方式

（1）教师讨论并表达自己对简易材料的认识，说说其辅助作用体现在哪里。

（2）主持人小结：生活中最常见的、随手可拿的、不需要精力加工的、简单的物品即为简易材料。采用简易材料，经过教师的科学引导，可达到相同的条件和环境，是可以有多种创造的教学活动设计的。

图3　解决困惑，记录策略

（四）头脑风暴

1. 幼儿园的简易材料种类

在规定时间内，请各组的教师在大纸上写出20种简易材料名称，最后选出10种最常用的简易材料，分别写在10张小纸条上，并放主持人所提供的箱子里。

2. 选出需要设计的教育教学活动

各组教师在箱子里抽取一张小纸条，根据小纸条上所写的简易材料名称，设计教育教学活动。

附设计教育教学活动的要求：

运用所抽到的物品，设计教育教学活动；

设定三个不同年龄段的教学活动目标，利用这个物品设计不同的玩法。

3. 分享并展示

每组教师代表介绍自己所用到的简易材料，分享自己的教学活动设计。

（五）总结提升

（1）教师分享心得：通过利用身边随手可得的简易材料，设计教学活动，您最大的收获是什么？

（2）教师设计教学活动：请您根据本班幼儿课程活动开展的实际情况，利用在班级里随手可得的物品继续尝试设计教学活动。

【教研反思】

本次教研活动，使教师们了解如何利用身边的简易材料，根据幼儿的"差异性"设计活动。教师应以幼儿的兴趣为前提，树立以"幼儿发展为本"的教育观，充分利用简易材料，让幼儿在自主、积极探索的状态下投入教学活动，使其成为活动的真正主人，从而积极挖掘幼儿身上潜在的创造力。

如何开展早期阅读教学活动

【教研背景】

《幼儿园教育指导纲要（试行）》明确指出："培养幼儿对生活中常见的简单标记和文字符号的兴趣。利用图书、绘画和其他多种方式，引发幼儿对书籍、阅读和书写的兴趣，培养前阅读和前书写技能。"由此可见，教师对幼儿的早期阅读教学是十分必要的。在教学中我们发现部分教师对早期阅读的认识不够全面、深入，导致在教学过程中存在各种困惑。希望通过本次活动，引导教师学习开展早期阅读教学活动，提升教师教育教学能力。

【教研目的】

（1）通过启发性游戏、交流讨论、头脑风暴、案例分析等教研形式，引导教师探讨有效的早期阅读教学策略。

（2）搭建交流、互动、反思、展示的平台，帮助教师进一步了解早期阅读的基本概念和教学策略，拓展教师教学思路。

【教研准备】

1. 经验准备

教师对开展早期阅读教学有基本的认识和了解。

2. 物质准备

各类教学案例、教研活动课件、视频、图片、黑板、纸张、油性笔、音乐。

【教研形式】

情景表演、案例分析、参与式研讨、头脑风暴。

【教研对象】

本园教师。

【教研主持】

邓春韶。

【教研过程】

（一）研讨第一阶段：导入——走进阅读世界

主持人：《幼儿园教育指导纲要（试行）》明确指出："培养幼儿对生活中常见的简单标记和文字符号的兴趣。利用图书、绘画和其他多种方式，引发幼儿对书籍、阅读和书写的兴趣，培养前阅读和前书写技能。"可见培养幼儿良好的阅读兴趣和习惯是很重要的，对幼儿的发展有重要的意义。今天我们就来研讨《如何开展幼儿早期阅读的教学活动》，现在让我们一起走进阅读世界，寻找阅读的快乐！

图1　教师代表发言

1.思考并讨论

（1）什么是早期阅读活动？

（2）早期阅读和识字教学有区别吗？有什么区别？

请每组教师根据问题结合自己对早期阅读活动的认识来回答以上问题。

2. 主持人小结

早期阅读活动是有计划、有目的地培养幼儿学习书面语言的教学活动。早期阅读教学让幼儿从口头语言向书面语言过渡，提升幼儿在思维、语言、想象、个性、习惯等方面的能力。

（二）游戏情景表演：拍广告

1. 活动规则

教师自由分成三组，每组选定组长，抽取不同的表演题目，并根据提供的

（图片、文字、图文并茂）三种阅读材料，分配好表演角色，组员之间要互相交流和讨论，时间为3分钟。讨论后各组成员用表演的形式展示出来。

2. 观看阅读材料，引发思考

（1）各组成员分别根据不同形式的表演内容（图片、文字、图文并茂三种阅读材料）进行表演、分组讨论并评价各组成员的表演效果。

（2）讨论与交流。

主持人：在演绎时，哪一种阅读材料更容易表现？为什么？

陈老师：我认为图文并茂这种阅读材料更容易表现，观察画面与文字结合，让人更容易理解内容。

邓老师：我认为图片这种阅读材料更容易表现，因为在观察画面时，可以激发想象力，从而创造不同的表演方式。

主持人小结：情景表演也是一个阅读过程，不同的阅读材料可以有不同的教学效果。在早期阅读活动中，我们应根据幼儿的年龄特点和认知水平，巧妙地安排难易程度不同、类型不同的阅读材料，让幼儿从中体验阅读的乐趣。

（三）教学案例分析

主持人：早期阅读活动能拓宽幼儿的视野，提高幼儿的参与积极性，那么如何有效地开展早期阅读教学活动呢？现在，让我们分组对不同的早期阅读材料进行案例分析，让小组成员共同学习交流。

规则：出示四组案例，由各组的小组长抽取案例，根据案例共同探讨教学策略，由主持人随机选择成员代表进行分析，其他组员可补充回答。

案例1：《苍蝇苍蝇快走开》

在这个读本中，幼儿很难理解前后页画面情节的关系，很难将每一页的小猪想象到同一棵树下这一场景。

第一组代表黄老师：我们认为可以以苍蝇的飞行路线为线索，巧妙运用这个图示和苍蝇的道具来进行动态演示，以此来帮助幼儿理解读本中画面内容前后的联系。教师进一步帮助幼儿将单页内容进行整体连续的感知，对故事

图2　园长引领方向

情节进行完整的架构。

案例2：《小猪变形记》

在这个阅读教学中，如何引导幼儿根据动物特征和声音情境这两条线索进行合理的预测与猜想？

第二组代表李老师：我们可以搭建有效的支架，将猜想集中在两个问题上，一是小猪是怎样变形的，二是小猪变形后结果怎样。围绕第一个问题的猜想，教师能引导幼儿关注小猪要模仿的每一个动物的特点。第二个问题中，教师将支点定位于各种奇妙的声音，通过引导幼儿关注当时情境下发出的声响来进行合理的猜想。

案例3：散文欣赏《蓝蓝的天》

对于欣赏散文类的教学活动，教师应采用什么有效的教学策略进行及时的指导？

第三组代表梁老师：教师利用大书让幼儿边欣赏画面，边倾听教师讲解。教师在引导幼儿观察画面时，培养幼儿的观察能力。此外，教师也可以利用讲述、提问、随机引导等方法进行及时的指导。

案例4：《想吃苹果的鼠小弟》

画面上鼠小弟和伙伴们的神态十分形象地描绘出了他们的心理活动和故事情节的发展。教师如何在活动中采用有效的提问策略，激发幼儿的阅读兴趣？

第四组代表何老师：教师为幼儿创设一个宽松、自由、积极、良好的互动环境，让幼儿喜欢发言；在活动中教师应适时给予指导，采用迁移性、分层次的提问方式，鼓励幼儿大胆、清楚地表达自己的想法和感受，从而提升幼儿的语言表达能力和思维能力。

主持人小结：兴趣是最好的教师，有兴趣才能激发幼儿去积极地观察、分析和探索，从而提高幼儿的阅读能力。而要实现教学活动中师幼互动的有效性，教师根据幼儿的需求和发展，随时调整自己的教学策略，要善于结合多种阅读活动形式，引导幼儿体验阅读，培养幼儿良好的阅读兴趣和习惯。

（四）体会感受，总结提升

（五）主持人：请各位教师进行链条式互动研讨，围绕本次教研活动讲讲自己的新的体会。

主持人总结：幼儿早期阅读的教学活动需要教师去支持与引导，我们教师在早期阅读活动中，要善于发现、善于创造、善于回应，让环境与幼儿建立一种积极有效的互动关系；更要善于将多种阅读活动形式结合，引导幼儿体验阅读的快乐，让幼儿养成良好的阅读习惯。

【教研反思】

本次研讨活动采用了情景演练、案例分析、参与式研讨、头脑风暴等形式，研讨如何开展早期阅读教学活动。教师从交流——讨论——记录——互动——反思——领悟中，达成了共识。

（1）早期阅读教学活动需要教师的支持与引导，教师要善于发现、创造与回应，让环境与幼儿建立积极有效的互动关系。

（2）教师应根据幼儿的需求和发展随时调整教学策略，将多种阅读活动形式有机结合，充分发挥早期阅读对幼儿能力培养的作用，培养幼儿良好的阅读兴趣和习惯。

如何引导教师深入开展早期阅读教学活动

【教研背景】

我园进行早期阅读教学已经有很多年了，但在随堂听课时发现部分教师对于《幸福的种子—早期阅读》这套教材了解不够深入，对教材内容的中心思想把握不准确，导致活动后幼儿只是浅显地记住了内容，不能领会作品所传达的深意。为提高教师语言领域的教学水平，更有效地进行儿歌和故事教学，我们开展了"引导教师深入开展早期阅读教学活动"的教研活动，以促进教师的专业发展。

【教研目的】

（1）通过研讨活动，帮助教师归纳总结早期阅读活动的教学策略。

（2）为教师搭建讨论、交流、分享的平台，构建学习共同体。

【教研准备】

（1）教研活动课件、黑色记号笔、15张A3纸。

（2）记分时所用到的相应的物品。

【教研形式】

经验分享、视频分析、实操演练。

【教研对象】

全体教师。

【教研主持】

关玉嫦、颜晓擎。

【教研过程】

（一）热身游戏：请跟我说

规则：

（1）说一个包含数字1到10的四字成语。

（2）请你带上表情跟我说。

（二）第一环节：导入引出主题

主持人颜老师：我们幼儿园进行早期阅读的教学已经有很多年了，请教师们来说一说早期阅读的图画书分为哪几种类型呢？（分别为诗歌、故事、散文和科学四类）

主持人关老师：相信教师对这四类图书的教学并不陌生，那么我们该如何深入有趣地开展早期阅读教学活动？

图1　主持人引出主题

接下来我们进行第二环节"研儿歌教学"，有请我的拍档。

（三）第二环节：研儿歌教学

Part1（讨论）

问题一：教师是如何开展儿歌教学的？（以实例让教师说说）

主持人颜老师：在我们日常的教学中不免有朗朗上口耳熟能详的儿歌，这三首都是大班、中班、小班的幼儿比较喜欢听的，那么在开展以下三首儿歌的教学时，你是如何设计的？（出示蝌蚪，拍花萝，小胖小，提问3个教师）

小结：教师们根据自身教学经验发表了对活动设计的想法。。其实儿歌

图2　教师根据问题发表自己见解

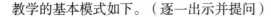

教学的基本模式如下。（逐一出示并提问）

第一个环节是导入。

问题二：导入可以有很多方法，谁来说一说。（游戏、谈话、猜谜语、故事等）

第二个环节是理解、学习儿歌。

问题三：在学习儿歌这个环节中，理解儿歌可以用什么方法。（范读，理解：动作和图片，识字，幼儿读等）

第三个环节是巩固儿歌。

问题四：用什么方法来巩固儿歌。

Part2（操作）根据目标设计教学环节，然后上台进行演示。

主持人：下面就请教师根据我们定的目标，用这首小班儿歌"蝌蚪"来设计教学环节，然后逐一上台进行演示。

主持人小结：刚刚教师们演示的课堂很生动有趣，所谓"教学有法，教无定法，贵在得法"，其实每个学科领域都有一套教学模式，只要我们紧扣目标，加上教学方法的作用得当，就可以有效地进行教学活动。接下来是第三环节：研故事教学，有请我的拍档。

（四）第三环节：研故事教学

1.讨论

（1）回顾语言活动课：陈老师的《獾的美餐》。

（2）概括绘本教学三个环节。

第一环节是导入；第二环节是观察画面；第三环节是活动的延伸。

主持人关老师：我们前段时间研究了一节语言教学活动是陈老师的《獾的美餐》，我们先来回顾、研讨一下陈老师这节课的简案。

附：简案

A老师：一是谈话导入，激发幼儿对活动的兴趣，调动幼儿的学习积极性。

B老师：二是阅读故事，这一环节不仅用了非常多的笔墨，而且在这一个观察的过程中融入了游戏，使幼儿的观察学习过程显得更幽默和生动。

C老师：三是延伸活动，他将这本书的内涵深入地挖掘出来，从"獾的美餐"把幼儿渐渐地引回到身边所拥有的东西上，这就是对绘本价值的升华。

主持人小结：陈老师的这节课，我们就可以看出绘本教学主要概括为以下三个环节：

第一环节是导入，刚才我们在儿歌的导入上也说了很多方法，其实这些方法是共通的，至于运用什么方式去导入，我们需要根据绘本的内容去选择最适合的方法。

第二环节是绘本教学的重点，目标的重难点也是体现在这个环节里面。我们主要引导幼儿对绘本进行细致的观察，也可以加插一些小游戏让整个观察过程不枯燥，而这个环节我们是为了培养幼儿的语言表达能力，《指南》中也有提到每个年龄段幼儿的语言发展所达到的目标。我们先来看看小班的，请小班的老师来读一读，然后中班的，大班的老师再来读一读，当然在短短的一节课时间里，我们不能达到所有的语言目标，这就要我们根据幼儿的年龄特点和绘本的教学目标去选择、去思考。

第三环节是活动的延伸，我们不要为了理解、学习这个故事去上这节课，而是让这个故事教学和我们的生活以及幼儿的生活经验相关联，发挥绘本教学的最大价值。

2. 操作

各级教师设计绘本故事教学中具体的环节活动，然后各派一名教师上台来阐述。

主持人：我们幼儿园的早期阅读教材《幸福的种子》中不乏好的绘本素材，现在就请教师们以级组为单位，在阅读书中自选内容来设计一节与众不同的阅读活动。要求教师设计具体的环

图3 小组分享绘本故事设计

节，然后各派一名教师上台来阐述你们设计的内容和意图等。事不宜迟，现在就让我们开始行动起来。

主持人：各位教师，时间到了。相信在教师们的思维碰撞中已经有了一节好的课，下面有请教师们来展示你们设计的这节课。（各级组派代表说课）

（五）结束总结

主持人颜老师：刚刚展示的这些课都凝聚了三个级组教师们的智慧，相信

教师们对早期阅读课的教学又有了新的认识和体会，那么我们就要把这些学到的知识应用于我们平时的日常教学中，让绘本发挥最有效、最完善的教学价值。

主持人关老师：今天的教研活动到此结束，感谢教师们的参与，请教师们在活动中完善这份教案，并把它设计具体，然后以文档的形式上交。请教师们写出你对这个活动的看法和见解，谢谢。

（六）活动延伸

为了提高教师们语言领域的教学水平，更有效、更有趣地进行儿歌和故事的教学，要求教师们在日常备课中关注语言活动的目标及过程的设计，利用游戏化教学吸引幼儿，不断优化教学过程，并于4月中旬开展教师语言领域评优课的评比活动。

【教研反思】

本次教研主题来源于日常工作实践，通过活动让教师对早期阅读教学有更深的体会。在对幼儿进行早期阅读教学时，我们需要考虑教学内容是否贴近幼儿生活，符合他们的兴趣需要。

如何在语言教学中创设情境激发幼儿兴趣

【教研背景】

幼儿期是幼儿口语发展的最佳时期，《幼儿园教育指导纲要（试行）》中指出："创造一个自由、宽松的语言交往环境，支持、鼓励、吸引幼儿与教师、同伴或其他人交谈，体验语言交流的乐趣，学习使用适当的、礼貌的语言交往。"可见，情境创设对调动幼儿学习语言的兴趣，发展其语言能力具有极大的促进作用。在教学过程中，教师如何创设教学情境，激发幼儿对语言学习的兴趣？因此，我园开展这次教研活动，对此进行研究。

【教研目的】

（1）让教师学习如何创设幼儿语言学习环境。

（2）让教师进一步了解不同年龄段幼儿的学习特点，从而提升教师观察与分析的能力。

（3）激发教师参与教研的积极性、主动性，提高教师的教研水平。

【教研准备】

1. 知识准备

教师提前阅读《教育导刊》2009年第二期《语言教学中的情境创设与兴趣培养》一文。

2. 环境准备

提前将参与教研的教师分为四组，每组四人。

【教研形式】

头脑风暴、案例分析、一课两研。

【教研对象】

幼儿园语言组教师。

【教研主持】

刘娟。

【教研过程】

本次活动分以下三个流程：观摩活动、小组研讨、理论学习。

（一）观摩活动

教师集体观摩小班语言活动《宝宝鞋》。

附活动设计：小班语言活动《宝宝鞋》

活动目标：

（1）知道故事的名称和主要角色，初步了解故事的内容。

（2）在教师语言和动作的提示下，能从前往后一页一页地翻阅图书。

（3）知道要好好保护自己的小脚丫。

活动准备：

《宝宝鞋》教学大书、幼儿用书人手一本、每位幼儿准备一双自己的宝宝鞋、教学CD。

活动过程：

1. 迁移幼儿原有经验，引起幼儿阅读的兴趣。

（1）幼儿观看情境表演——教师表演"妈妈为宝宝洗脚"，引导幼儿回忆妈妈帮自己洗脚的情景。

（2）教师：妈妈每天帮你洗脚，你是怎么做的呢？这儿也有一个小宝宝，他不喜欢洗脚，一洗脚就又哭又闹。如果总是不洗脚，会发生什么事情呢？我们一起去书里看看。

2. 教师翻开教学大书，充满感情地朗诵故事，请幼儿欣赏。

（1）教师边朗诵故事，边重点向幼儿指出画面中的鞋子在哪里，引导幼儿关注相应提示，进一步熟悉故事内容。

（2）教师提问：冬冬不喜欢洗脚，一到洗脚的时候就会怎样？小猫咪把冬冬的一只鞋子当成什么？小狗把冬冬的另一只鞋子当成什么？冬冬找不到自己的鞋子，怎么办？冬冬为什么要洗脚？洗干净小脚丫会怎么样？

3. 教师引导幼儿翻阅幼儿用书，学说故事内容。

（1）教师指导幼儿将幼儿用书从前往后一页一页地阅读。

（2）教师请幼儿闻一闻自己的鞋臭不臭，说一说为什么自己的鞋不臭。

4. 教师请幼儿来表演故事内容——角色扮演。

（略）

图1　现场课例观摩

（二）小组讨论

1. 此教学活动运用了哪种情境创设帮助幼儿学习？

教师回答：情境表演、角色扮演。

2. 你认为黄老师创设的情境适合本班幼儿吗？为什么？

教师回答：比较适合。托小班幼儿生活经验欠缺，需要一定的情境加以铺垫，情境表演的导入能激发幼儿的兴趣，使幼儿更易理解故事内容。虽然此情境基于幼儿的生活经验，但缺欠童趣。

3. 幼儿在整堂课中的参与度如何？

教师回答：幼儿对活动前的情境表演兴趣浓厚，个个目不转睛。但活动的后半部分，即幼儿角色扮演环节，幼儿等待时间太长，致使幼儿兴趣降低、注意力分散，如果调整为集体角色游戏，那么效果可能会好。

（三）理论学习

1. 问题导入

（1）在语言教学中，情境的创设重要吗？为什么？

（2）在语言教学中，可以采用怎样的情境创设？

（3）哪种情境你认为较好？为什么？

2. 讨论分享

（1）情境创设很重要，它能帮助幼儿较透彻地理解故事内容，对能力较弱的幼儿有更大的帮助，能让幼儿尽早融入活动中去。

图2　教师代表互动分享

（2）首先在语言教学中教师可以采用手偶、人物、动物、生活情景、现场表演等等的情境创设。其次教师应根据幼儿的年龄特点、兴趣、教学内容来创设情景。

（3）故事情境表演、手偶表演、动物表演、生活环境型的表演都比较重要，教师可以针对本班幼儿的实际情况，同时针对教学内容去选择适宜的情境表演。

3. 理论学习

《教育导刊》2009年第二期《语言教学中的情境创设与兴趣培养》主要有以下四个方面：

（1）多媒体的情境创设。

（2）故事表演的情境创设。

（3）游戏中的情境创设。

（4）提问中的情境创设。

4. 教师讨论

除了文章中列出的几种情境创设的途径之外，还有其他情境创设的方法吗？

小结：幼儿年龄偏小，教师可采用图片的形式，用图画再现故事、儿歌的内容；在故事类语言活动中，教师可以用语气渲染情境；在儿歌教学中，教师可以借助音乐塑造的音乐形象，将幼儿带到特有的意境中，如在儿歌《藏猫猫》中，教师可以在朗诵儿歌的时候借用轻柔不失活泼的音乐做背景，把幼儿带入月亮和云儿藏猫猫的情境中。

【教研反思】

本次教研活动通过小组讨论能够呈现问题、放大问题，让教师清晰地发现自己和同伴身上存在的问题，从而有意识地改进自己的教学方式，提升教学能力。教师在交流发言中能围绕中心展开，不偏离话题，形成共识。

教师应通过直观教具、现场实境、教师表情以及形体动作进行引导，观察幼儿的语言、动作、表情以及与同伴交往等情境，将情境与语言相结合，使幼儿积极参与各类情境活动，多感官地感知、理解语言，将语言自然运用到生活中去。

如何引导大班幼儿根据图片编故事

【教研背景】

《3-6岁儿童学习与发展指南》中提出："幼儿通过阅读图画、符号以及文字，获取书面语言所要传递的信息，然后达到对书面材料的理解，并使用口语及其他各种方式表达出来。"教师在大班教学活动中发现：幼儿在观察图片信息后，用语言表述的能力比较薄弱。为了进一步提升幼儿看图说话的能力，提高教师引导幼儿观察画面的能力，我们组织全园教师开展了"如何引导大班幼儿根据图片编故事"的研讨活动。

【教研目的】

（1）通过研讨活动帮助教师归纳总结"幼儿看图创编故事"的指导策略。

（2）为教师搭建讨论、交流、分享的平台，构建学习共同体。

【教研准备】

1. 知识准备

组织教师先观摩大班看图编故事活动《取皮球》。

2. 物质准备

四幅图片（分别是高跟鞋、美女、手提电脑和警察）、油性笔、卡纸、亮分牌、拼图（故事图片）。

【教研形式】

案例分析、参与式研讨。

【教研对象】

全园教师。

【教研主持】

关玉嫦。

【教研过程】

（一）视觉大发现，巧手现童心

1. 拼拼乐

各组员以最快的速度完成拼图。

2. 利用拼出的图片为自己组改名字和口号

（设计意图：这个环节犹如冬天汽车启动前的"预热"，让教师们放松了心情，迅速调动大家积极参与的情绪，在为本次活动创设一种愉悦和谐氛围的同时，为研讨的活动做了铺垫。）

（二）情景重分享，智慧齐解读

1. 抛砖引玉——视频回顾

（截取视频教学的重点环节5分钟）

2. 抛出问题——小组研讨

（1）你们觉得大班幼儿在看图编故事时遇到了什么问题？

（2）你们觉得应该如何解决？

3. 小组发言

其他组根据小组的发言，举牌亮分。

图1　教师现场观看视频教学

4. 主持人小结

（设计意图：主持人通过让教师回顾视频中幼儿的表现，让他们感受幼儿编故事时遇到的困难，以引出研讨活动中幼儿不能顺利进行故事创编的症结所在，从而与教师们一起梳理原因。）

（三）脑筋急转弯，灵光再闪耀

（1）在黑板上张贴了四幅图片，分别是高跟鞋、美女、手提电脑和警察；

同时出示三个主题信封"恐怖一刹""幽默一刻""悲情一缕"。

（2）各组派代表抽取主题来编故事。

（3）各小组成员开始积极思考讨论。

（设计意图：为了让教师体验幼儿在创编故事时遇到的困难，主持人精心设计了这一环节，让他们亲自体验根据线索创编故事的环节，并用不同的主题限制教师编故事，有意识地提升了教师编故事的难度。）

（4）三个小组分别派代表讲述本组创编的故事。

（5）根据各小组的故事演绎，提出问题：①你们是怎样想到编这个故事的？②在编这个故事的过程中，还需要把握什么要素？

（6）根据小组成员的发言，其他组举牌亮分。

（7）主持人归纳小结。

预设小结：各个小组都通过亲身操作，体验到看图编故事的难处，其实教师看图编故事主要有以下几个步骤：①通过细致观察和想象，了解图意；②通过启发和创想，丰富内容；③通过自我组织和互相学习，表达内容；④通过多样化的形式，调动积极性；⑤通过交流和讨论，进一步的思考。

（设计意图：让教师亲自体验怎样根据线索去创编故事，从而去领会自己看图编故事时需要把握哪些要素。）

（四）教学最前线，妙法尽显灵

1. 出示的四幅图片

（1）各组讨论如何教幼儿看图编故事。

（2）小组学以致用进行现场教学模拟展示。

每组成员用10分钟讨论，10分钟展示。

（设计意图：通过现场教学模拟展示，让教师们把看图编故事的方法展示到教学中，做到学以致用。）

图2　教师认真创编故事中

（五）众思齐汇聚，联结大收成

1.（预设）指导幼儿看图编故事的一些方法

（1）在幼儿编故事之前，教师引导幼儿学会看图是关键，因为每幅图片都有一些主要角色、重点画面和关键线索，找到它们，将它们串联起来，编讲故事就方便多了。

（2）在幼儿编故事时，教师指导幼儿想一想角色之间可能在讲什么，为故事添加一些对话和心理语言，这样编的故事内涵就会丰富。

（3）教师要给幼儿提供讲述框架，引导他们清楚、完整地表达一件事情，包括事件发生的时间、地点、人物、经过等，并进行猜测。

（4）教师利用各个环节多给幼儿讲故事，让幼儿多欣赏一些故事，在欣赏中能帮助幼儿知识迁移，让幼儿在编讲中进行模仿。

（5）当幼儿跑题时，教师可以及时帮助幼儿点出故事主要情节，引导幼儿把编讲思路回归到故事主题上。

（6）当幼儿没完没了编故事的时候，教师可以进行追问："最后怎么样呢？"帮助幼儿整理故事结尾。

（7）当幼儿编完故事之后，教师要及时给予评价，而且应以鼓励为主，指出幼儿在语言方面或想象方面的问题。

2.主持人总结

希望通过这个教研活动，让教师们知道看图编故事的活动不仅有利于幼儿的语言发展，还有利于幼儿的思维等多元智能的发展。相信小小的一幅画在幼儿们的眼里会有不一样的故事，他们比成人更富有想象力和创造力，只要方法正确，相信他们会在以后的"看图编故事"活动中给我们带来意想不到的惊喜。

（设计意图：通过梳理、小结，帮助教师在组织幼儿进行创编活动时应把握哪些策略。）

（六）活动评价

1.最佳合作奖（集体）

根据各环节各小组累计分数得出。

2.个人最佳发言奖（个人）

大家选出积极发言个人奖各5人。

【教研反思】

1. 教师参与状态

在整个活动中，教师们能踊跃发言，各抒己见，参与的积极性非常高，形成良好的教研研讨氛围。

2. 教研共识

提升教师引导幼儿看图创编故事的能力，让教师在教育教学中重视幼儿体验、学习特点和生活经验，从中挖掘看图创编故事的教育价值。

3. 改进方向

教师将自己在教研活动里学到的方法带回班级，用自己班做试点，挖掘适合本班的教学方法。教师把自己所发现的方法记录下来，再进一步深入研究，形成下一次教研活动主题。

图3　小组进行研讨

附：后续研究表

_____班教师引导幼儿根据图片编故事的情况记录

活动内容	教师教学方法	幼儿表现	解决方法

如何面对"注意力转移"的幼儿

【教研背景】

《幼儿园教育指导纲要（试行）》中指出："善于发现幼儿感兴趣的事物、游戏和偶发事件中所隐含的教育价值，把握时机，积极引导。"开展教学过程中，当发现部分幼儿出现注意力转移，对预设外的知识或现象更感兴趣时，教师们往往纠结于"让幼儿回归预设教学？"还是"顺着幼儿思路走，暂缓预设教学内容？"对新教师而言，遇到这样的情况容易打乱教学思路，不知如何应对。教师如何面对"注意力转移"的幼儿呢？我们以大班科学活动"扎染"为切入口进行研讨。

【教研目的】

（1）通过案例反思，引导教师关注幼儿出现注意力转移后的问题。

（2）让教师探讨教学中有效避免幼儿注意力转移的教学策略。

（3）在研讨活动中发挥集体智慧，为教师的教学提供支持和帮助。

【教研准备】

1. 经验准备

一个案例的部分视频片段"扎染"、主持人做案例分析、参与教研活动情况互评表。

2. 物质准备

多媒体准备、黑板两块、白板笔两支。

【教研形式】

案例分析、对话讨论、多媒体演示。

【教研对象】

全体教师。

【教研主持】

梁少敏。

【教研过程】

（一）主持人介绍案例

（附后）

（二）以案例为载体，研讨活动中幼儿出现的注意力转移的策略

（1）教师第一次观看现场活动的录像片段。

（视频说明：在活动中，幼儿按照自己的猜想自主分成三个小组开展不一样的探究活动。期间，认为"浸泡时间长短影响了扎染效果"的几位小朋友发现颜色混合在一起会变别的颜色。）

（2）教师根据活动片段进行讨论。

主持人：这时候，是把幼儿"拉"回来呢，还是要"顺应"幼儿的意愿，远离本次活动预设的教学目标呢？

（3）根据不同教师意见，分成两组进行思想碰撞。

（4）主持人记录下两组人发言的关键词。

图1　教师边操作边进行探讨

A教师：应该"拉"幼儿回来，但是要巧妙地运用让幼儿感兴趣的方法来吸引幼儿，将注意力转移回来。

B教师：要看幼儿被吸引的方向才能做出判断，如果吸引幼儿注意力的内容很有价值，我会考虑尊重孩子。

（5）主持人发言：无论是对幼儿

图2　教师进行策略分享与交流

"拉"也好，"顺"也好，有一点可以肯定的是：从大家的辩论过程中以及所记录的关键词上，我们知道，当幼儿出现"注意力转移"时，有的教师是围绕教学目标的角度看，巧妙地"拉"幼儿回来；有的教师会从教育价值和尊重幼儿的角度去做，顺应幼儿的意愿，其实我们关键是要找出导致幼儿发生注意力转移的原因才是解决问题的关键。

（三）共同研讨如何避免幼儿出现注意力转移的策略，有效促进实现教学目标

1. 提出问题

教师第二次观看视频，找出幼儿"发生注意力转移"现象的原因，并抛出预设问题：在视频中的活动片段里，幼儿为什么会出现注意力转移的现象？

2. 共同研讨避免幼儿出现注意力转移的策略

（1）抛出预设问题：大家有什么好的建议给执教教师，让他尽量避免幼儿这种"注意力转移"的现象吗？

（2）主持人小结：如果要更好地实现教师预设的教学目标，就要设法减少幼儿出现注意力转移的现象。通过今天的研讨，我们可以把避免这种现象的策略归纳为以下几点：①合理选材，科学设定目标；②围绕目标合理设计活动；③不断优化支持的策略，包括从材料投放方面、环境创设方面、教师对幼儿的关注方面、师幼之间的互动方面去支持幼儿围绕目标开展活动，这样幼儿发生注意力转移的现象自然就会减少了。

（3）反思自己在教学中存在的问题，请大家结合自己在教学中幼儿出现"注意力转移"现象的案例进行反思。你有过这样的经历吗？经过今天的研讨，你觉得在哪方面进行改进可以有效避免这种现象？也可以大胆分享，让老师们帮忙出谋划策。

（4）教师自由交流，分享。

【教研延伸】

通过填写表格了解教师对本次研讨的理解程度，寻求教师近期发展的突破口，从而给予有针对性的帮助。

1. 教研共识

一场研讨有没有价值，最重要的是看教师的思维是否被激发，是否积极地思考问题。今天我们的主题"关于幼儿注意力转移的研讨"是源自教师在日常教学中遇到的真实的问题和困惑，因此各位教师在研讨过程中积极性很强，也很有体会。在讨论该对幼儿进行"拉"还是"顺"时，虽然有争论，但是从争论的过程中我们也可以清楚地知道了，遇到这样的情况时应从哪几方面进行思考（例如有的是从教育价值大小上思考的，有的是从尊重幼儿的发展需要上思考的，还有的是从……上思考的）。

相信在日后的工作中再遇到这样的情况时，教师也能从容自如地应对了。同时通过发挥集体智慧，我们共同研讨出了一些可以尽量避免这种现象的策略（例如目标设定时要进行更全面的考虑，要注重师幼间的互动等）。所以作为教师，我们要学会做一个有心人，在平时工作中多思考，多反思，养成不断发现问题并解决问题的一种习惯，让自己成为研究的主体，以研究者的心态去面对教研工作，这样会促进我们每一位教师的专业成长。

2. 教师填写表格

（略）

【教研反思】

教研组是研究、学习的阵地，活动中非常注重理论学习。在教研活动中边学边议，边思考边实践，使我们对活动中可能出现的问题有了更理性的认识。通过讨论环节，理论联系实际，针对活动大家谈看法，亮观点，针对问题集思广益，各抒己见。同时通过自身活动的展示及探讨，使我们及时看到自己在组织活动中存在的问题，集中大家的智慧，寻求最好的解决方法，使我们的教学技能又上了一个台阶。

附：案例说明

幼儿在一次欣赏美术扎染作品时，对扎染产生了浓厚的兴趣。教师及时发现幼儿的兴趣，并为其提供扎染的水彩颜料、布料、绳子等。在第一次扎染活动中，幼儿发现有的扎染作品清晰美丽，有的模糊暗淡。这个现象引发了幼儿的热烈讨论。有的幼儿猜想是"所扎的绳子松紧不同影响效果"，有的幼儿猜想是"布料不同影响效果"，还有的幼儿认为"泡浸时间的长短影响效果"。

执教教师先引导幼儿将自己的猜想记录下来，然后充分了解了幼儿的已有经验和当前的兴趣后，确定了第二次"扎染"的教学活动。其教育目标是：幼儿能积极主动地探究影响扎染效果的因素；大胆验证自己的假设并获取相关经验。

附：表格说明

教师参与教研活动情况互评表

评价人：　　　　　　　　　　　　　　　时间：　　年　　月　　日

谁的发言对你的启发最大	姓名	
	主要观点	
谁能主动提出有研究价值的问题	姓名	
	所提问题	
记录你自己的参与状况	主要观点	
在教学中自己还存在的困惑		

如何在活动中吸引幼儿注意力

【教研背景】

心理学家研究表明，专注状态极其有利于幼儿对客观事物作出清晰、完整的判断，以保证智力活动顺利地产生和发展。幼儿的神经系统还未完全发育成熟，因此幼儿注意力集中的时间非常短暂。在一次园内教研课中发现："教师们设计了很多游戏，但幼儿的注意力持续时间不长"的问题，因此我们开展了"如何在活动中吸引幼儿的注意力"的教研活动，为教师答疑解惑。

【教研目的】

（1）通过视频、案例分析、研讨平台，引导教师根据实际情况及经验，对案例做出合理判断。

（2）让教师根据要求，创编精彩的游戏，吸引幼儿的注意力，从整体上提升我园教学活动质量。

【教研准备】

1. 经验准备

日常教学中遇到的关于幼儿注意力不集中的案例、研讨主题"小白兔和大灰狼"录像片段。

2. 物质准备

图片2张、油性笔8支、大白纸4张、记分牌。

3. 知识准备

教师自行学习如何培养幼儿注意力的相关理论知识，并做好相关的笔记。

【教研形式】

视频分析、案例分析、游戏激趣、交流讨论。

【教研对象】

全体教师。

【教研主持】

莫小兰。

【教研过程】

（一）导入——互动游戏：找不同

1. 玩法

在一分钟内，找出两幅图中5个不一样的地方，最快的一组为胜。

2. 讨论

（1）这个游戏给你什么启示？

（2）主持人小结："注意力"非常重要，注意力水平的高低，直接影响着人的智力发展和对知识的吸收。在我们日常生活中，解决很多事情都离不开注意力，只有注意力集中，做事情才会又快又准。

图1　教师们在积极探讨中

（二）过程——现场研讨，引出问题

主持人：好动是幼儿的天性，由于受身心发展水平的限制，幼儿自控能力弱，注意力不够集中，在课堂上会出现分心的现象。当幼儿在教学活动中，注意力不集中时，教师该如何吸引幼儿注意力，让幼儿全身心地投入教学活动中呢？

1. 主题案例研讨：小白兔和大灰狼

播放录像片段：在这个音乐欣赏活动中，教师要求幼儿仔细听音乐，一遍又一遍无梯度地重复播放音乐，目的是帮助幼儿感受音乐的段落。当出现狼的音乐和兔子的音乐时，还要求幼儿根据音乐做出狼和兔子的动作。开始时，幼儿很感兴趣，愿意配合老师，但渐渐地有的幼儿失去了兴趣，注意力也分散了。

2. 交流——为什么部分幼儿对活动失去了兴趣？

教师自由分析、讨论后，再提出自己的看法。（每位教师发言时间为一分钟）

A教师：教师在音乐课选材及课程设计方面不够新颖，只是让幼儿一遍又一遍地听和感受音乐，幼儿没办法积极参与到活动中。有调查表明：音乐游戏是最能吸引幼儿的注意力的教学手段之一，我们应该挖掘音乐游戏，激发幼儿学习兴趣，帮助其提高注意力的持久性。

B教师：幼儿的学习不应该是一个被动的接受过程，而应是一个主动、积极的探索活动。幼儿缺乏兴趣的原因是缺乏自信心，在学习中容易退缩，分散了注意力，甚至不愿意做任何努力和尝试，更不能坚持到底。

C教师：在开展活动中，教师的教学手段单一，在环节的过渡时间里，应尽量让幼儿自己操作，让感兴趣的幼儿带动其他人，从而吸引容易分散注意力的幼儿真正融入活动当中。

主持人小结：该教师在设计活动中的表现是教学结构单一，教学设计不新颖。兴趣和注意力有着密切的关系，兴趣是培养幼儿注意力的重要手段。

心理学研究表明，幼儿对于有兴趣的事情，容易引起注意。因此我们常听：兴趣是最好的教师，也是力量的源泉。活动中该教师一遍又一遍地播放音乐，教学设计无梯度，使幼儿的学习兴趣逐渐淡薄，甚至会造成对学习产生厌倦之感，也会导致幼儿学习注意力分散。

3. 探讨——如果是你，你会怎么样把幼儿的注意力吸引到活动中呢？

分四小组讨论，写出小组的观点和做法。

A组：创设情境，设置悬念，吸引注意力。

B组：善用语言，吸引注意力，优化语言，调动多感官参与。

C组：直观教学，以形象生动的教具吸引幼儿的注意力，把游戏和比赛穿插在教学活动当中。

D组：鼓励幼儿大胆尝试可胜任的事情，对幼儿给予鼓励和表扬。

主持人总结：教育家皮亚杰认为，在对儿童施教以前首先要鉴别儿童已经

发展到什么水平，然后再确定教学内容并选择教学方法。

教师们的积极研讨，我们懂得了：教师要认真备课，注意丰富与充实教学内容，使教学内容有所变化，要不断改进教学方法，采取灵活多样的教学方式，激发幼儿的学习积极性。根据大纲要求，教师创编各种游戏，鼓励幼儿大胆尝试，积极参与，从而有效而巧妙地把幼儿的注意力吸引到教学活动中。

（设计意图：让教师从研讨中懂得必须及时调整教育行为及方式、方法，创编多种有效的游戏，巧妙地把幼儿的注意力吸引到教学活动中，提升我园教学质量。）

4. 经验分享——你抛我接

游戏规则：进行分组比赛，一、三组的教师把日常教学中遇到的关于幼儿注意力不集中的实际案例提出来，让二、四组的教师结合实际经验进行解答。

（设计意图：教师通过集体协作，共同研讨得出吸引幼儿注意力的多种方法。教师结合自己的观点进行辩论，构建学习的共同体，营造互相交流、学习的氛围。）

（三）反思——感悟（通过本次的研讨活动，用一句话来说说今天的收获）

1. 自我总结

A教师：教育内容要从幼儿的兴趣中选取，方式要以游戏为主。

B教师：教具的使用要得当，合理有趣才能吸引幼儿的注意力。

C教师：要多鼓励，少批评，给幼儿自信心，这样他们就会乐意参与活动并不断地体验学习的快乐。

……

2. 主持人小结

苏霍姆林斯基认为："培养学生的注意力，只有一条途径，这就是要形成、确立并且保持儿童的这样一种内心状态——即情绪高涨、智力振奋的状态，使儿童体验到自己在追求真理，进行脑力活动的自豪感。"因此，我们要把培养幼儿的注意力与兴趣结合起来，让他们在"快乐"中求知。

教师们提出在教育教学中存在幼儿注意力容易分散的这个困惑得到初步的解决，在今后的工作中要继续重视和关注，并努力探索解决这个问题的更多更好的方式、方法。

（四）活动评价

评出集体最佳合作奖和个人最佳发言奖。

【教研反思】

活动中，教师们积极参与，认真思考主持人提出的观点，还能自己发现问题，通过探讨来解决问题。通过教研，我们了解到，要在活动中吸引幼儿的注意力教师必须遵循以下几点：

（1）教师鼓励幼儿在最近发展区尝试做自己感兴趣和可胜任的事情。

（2）教师培养幼儿的学习兴趣，努力将活动的间接兴趣转化为直接兴趣，当幼儿注意力集中时，应及时鼓励和表扬。

（3）教师了解幼儿认知的特点和发展规律，根据其特点设计和组织活动。

如何在科学探究活动中进行三研三思

【教研背景】

对青年教师而言，科学领域一直是他们颇感挑战的领域。在组织科学活动时，教师容易出现知识面错漏、操作环节失误、教学内容"吃不透"等问题。因此，为引导青年教师深入探究科学活动，开展"如何在科学探究活动中进行三研三思"的教研活动，意在通过"如何区分生熟鸡蛋"这一科学活动，让教师进行三次有梯度的研讨，进行教学反思，从而促进教师教育教学能力的提升。

【教研目的】

通过一课三研的教研方式，进一步提高教师们对教学活动进行调整、反思的教学能力，使教师学习在探索中发现问题、解决问题，从而获取教学经验，体验成功的喜悦。

【教研准备】

1. 经验准备

活动前幼儿认知鸡蛋，知道鸡蛋有生的、有熟的。

2. 物质准备

尺子、放大镜、手电筒、水桶和水、油性笔、记录表（附表）。

【教研形式】

一课三研。

【教研对象】

青年教师。

【教研主持】

陈艳芬。

【活动过程】

（一）第一次活动实施与研讨

1. 活动过程（幼儿带着预设问题开展探索活动）

（1）第一环节：教师通过动画片设疑引出鸡蛋的来源，帮助幼儿熟悉材料，为实验做好准备。

（2）第二环节：幼儿用教师提供的材料进行探索，尝试着发现区分生、熟鸡蛋的方法，并记录下来。

（3）第三环节：教师根据幼儿试验的结果提出问题和新的要求，引导幼儿进一步探索区分生、熟鸡蛋的方法。

（4）第四环节：根据幼儿探究所得经验进行分享，教师引导幼儿梳理试验方法。

（5）第五环节：教师进行第三次区分生、熟蛋的实验并做记录，让幼儿验证生、熟鸡蛋分离的方法，从中让全体幼儿获取成功的喜悦。

2. 活动研讨

（1）导入：主持人抛出问题引发思考。①在活动中教学目标是否达到？②整个教学活动中，是否体现教师的适当适时引导和幼儿的主动学习探究？③选择的材料能否激发幼儿的探索兴趣？④下一节需优化的环节是什么？

（2）交流研讨。

A教师：本活动选材适合幼儿年龄特点，幼儿对所探究的现象有浓厚的兴

图1　现场课例观摩

趣，且乐于主动动手探索。但活动目标不符合该年龄段幼儿的学习特点，导致活动重难点未能突破。

B教师：一个课堂教学活动中应该是谁服务于谁？是幼儿跟着教师的设计思路走？还是教师根据幼儿学习状态进行调整？在课堂上，不应是幼儿配合教师的教，而应是教师服务于幼儿的学，教师的行为应取决于幼儿的学习需求。这就需要教师懂得观察幼儿的学习状态，教师顺应幼儿的"学势"而导，及时对幼儿进行引导、启发、鼓励和表扬。

C教师：教师投放的材料太多太杂了，建议不要一次性投放出来，应分阶段，分层次地投放。

D教师：我认为记录表对幼儿的作用不大，因为幼儿在操作的过程中一边做实验，一边做记录，比较困难。

（3）小组研讨后，主持人进行归纳总结。

①改教师"个人表演"为"师生对话"。

教师应"俯下身"走进幼儿，与幼儿面对面交流，和幼儿多一些交流，使课堂成为师生对话的场所。

②改幼儿"专心听讲"为"多动多想"。

教师要把说话的权利、思考的时间还给幼儿，让他们多动脑、多动手、多动口，从而形成师生互动、生生互动的课堂学习氛围。

（二）第二次活动实施与研讨

1.活动过程

直接让幼儿观察鸡蛋，删除看动画片的环节，以设问贯穿整个活动，引导幼儿操作、观察、实验、讨论，因此问题预设是至关重要的。

（1）第一环节：直接出示要探索的材料（鸡蛋），以设问的方法激发幼儿兴趣，为实验做好准备。

（2）第二环节：引导幼儿用不同的感官分辨生熟鸡蛋，教师在幼儿探究结果中抛出问题，激发幼儿进一步探究的欲望。

图2　课例研讨

（3）第三环节：幼儿操作，利用教师提供的材料进行区分生、熟鸡蛋。

（4）第四环节：分享总结，引导幼儿分享自己的实验过程，让幼儿体验成功的喜悦。

2. 活动研讨

（1）导入：主持人提问引发思考。①在教学中是否体现教学目标？②教具的改进是否能引起幼儿的探索兴趣？③幼儿的探索欲望和学习兴趣与上一节教学活动相比有何改善？④教师在教学中能否关注每一位幼儿？⑤异班教学时，教师如何准确把握幼儿的探索欲望和学习兴趣？

（2）交流研讨。

A教师：活动目标的制定范围太广泛，不够具体。

B教师：本节课经过修改后，能感觉到课堂设计比第一次新颖，教师的设问环环相扣、层层深入，只要教师稍加点拨便能把课上得更精彩。

C教师：教师严格按照原定步骤，一步一步地引导幼儿操作，发现区分生、熟鸡蛋的方法。但幼儿缺少了表述自己探索方法的机会，教师应注重从幼儿的角度来思考，关注幼儿的学习和生活经验。

D教师：异班教学时，教师对科学活动的探索更要严谨，语言要精练，投放的材料要适合。

（三）第三次活动实施与研讨

1. 活动过程

（1）第一环节：猜一猜。每个幼儿拿一枚鸡蛋，在不打破蛋壳的情况下猜测鸡蛋的生、熟情况。教师通过设置疑问，为实验做好准备。

（2）第二环节：说一说。幼儿通过感官探索区分生、熟鸡蛋的方法，教师鼓励幼儿大胆表述。

（3）第三环节：试一试。幼儿尝试用材料自主探索区分生、熟鸡蛋的方法。

（4）第四环节：聊一聊。教师鼓励幼儿分享、交流自己发现区分生、熟鸡蛋的方法，让幼儿体验成功的快乐。

（5）第五环节：想一想。留下悬

图3　教研分享

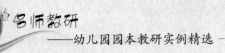

念，让幼儿在课后探索解决新问题的方法。

2. 活动研讨

（1）导入。

主持人设问：①针对异地异班教学情况，教学目标的定位是否把握？②幼儿的操作能力和自主探究能力是否达到教学目标？③幼儿的语言归纳与交流能力是否从中得到锻炼和发展？④教师在活动中是否发挥引导者、组织者的作用？

（2）交流研讨。

A教师：整个活动过程能遵循幼儿的学习特点，通过精心设计的探究环节，促进幼儿科学探究能力和语言表达能力的发展。

B教师：教学定位正确。本次活动教师注重将科学概念渗透在操作中，让幼儿在学习中收获，在体验中感悟。本课教学方法的定位明确，让幼儿能通过感官体验与材料操作，从自主探索中发现区分生、熟鸡蛋的方法，在操作中学知识、掌握技巧。

C教师："听会忘记，看能记住，做才能理解"，这是做中学的精髓。"区分生、熟鸡蛋的方法"原本是一节理论性较强的科学活动，但经过教师的巧妙设计，整节课探究十足，教师注重激发幼儿的好奇心。

D教师：教师能用鼓励、赞赏的语言激发幼儿不断尝试、探索、求知的学习欲望。

【教研反思】

通过本次教研，让教师们深入认识和了解科学活动，明确科学活动设计的严谨性，懂得如何环环相扣并有梯度地设计各环节及设问，提高青年教师探究科学领域的教学能力。

1. 在探究过程中教师要适时引导，保证幼儿的探索活动不偏离学习方向，帮助幼儿逐步探究获取科学的方法。

2. 教师不能剥夺幼儿自主探索的机会，让幼儿明确操作目标和要求，鼓励幼儿在原有经验上大胆操作，获得成功的体验。

附：

区分生、熟鸡蛋记录表

蛋号 区分方法	1		2	
	有味道（√）	没有味道（×）	有味道（√）	没有味道（×）
	能转动（√）	不能转动（×）	能转动（√）	不能转动（×）
	有声音（√）	没有声音（×）	有声音（√）	没有声音（×）

如何在教育活动中整合棋类游戏活动

【教研背景】

棋类活动是一种情趣高雅、启智健心的博弈游戏，它有助于开发幼儿智力，培养幼儿与同伴之间的相处能力及良好品质。结合我园研究的课题项目《挖掘民间游戏资源，构建幼儿园特色课程》，我们开展了《乐在棋中助养成》的小课题研究，通过搜集、整理、完善，挖掘了许多有地方特色的民间棋类游戏，让民间棋类游戏走进幼儿的一日生活。为了更深入课题研究，我们开展了本次教研活动。

【教研目的】

（1）发挥集体智慧，探索棋类游戏在幼儿教育活动中的实施策略。
（2）提高教师的教研能力，促进教师队伍的专业化成长。

【教研准备】

幼儿棋艺活动视频、相关表格、小礼物。

【教研形式】

头脑风暴。

【教研对象】

教研组成员。

【教研主寺】

叶红英。

【教研过程】

（一）营造氛围，热身准备——乐在"棋"中

1. 智慧的体操

教师结伴玩民间棋类游戏，活跃气氛，体验游戏带来的乐趣。

2. 感悟与分享

通过录像回顾幼儿棋类游戏活动以及棋艺比赛的精彩片段，感受幼儿在活动中的快乐及开展棋艺活动后幼儿的变化（礼仪、思维、情感、心理等方面）。

主持人小结：棋文化在我国历史悠久、源远流长，它是人类智慧的结晶。学棋对于幼儿而言，不仅能感受中国传统文化的熏陶和中国传统文化的神韵，更重要的是，学棋能培养幼儿良好的心理品质和提高幼儿的注意力、判断力、忍耐力和自制力等。我们之所以选择棋类作为幼儿园特色教育，看中的不仅是棋中有智，更看中的是棋中有品的本质。

（二）抛出主题，明确任务——齐思妙想

主持人：棋类活动是科学、文化、艺术、竞技融为一体的智力体育项目。我们可以整合各领域的教育内容来开展各种棋类游戏。

话题一：棋类游戏能提高幼儿哪方面的能力？

主持人：请教师们把想到的内容记录在表中。

话题二：你认为棋类活动与教育活动该如何整合？

主持人小结：棋类活动与幼儿园教育活动的整合，是指在棋类活动中有许多有价值的教育资源，它涉及体、智、德、美等多方面的教育资源，我们可以依据《幼儿园教育指导纲要（试行）》的精神，根据幼儿身心发展的特点和规律，将五大领域进行整合，更好地促进幼儿的发展。

图1 教研活动互动交流

（三）畅所欲言，各抒己见——出"棋"划策

问题：以自己班本月开展的教育活动为例，你会用什么策略在教育活动中

实施棋类游戏?

1."我说我的"

每位教师都要发表自己的意见，时间大约在1—2分钟，如果与别人看法相同，请用自己的语言说出个人见解。

2."我说大家的"

根据刚才教师们的发言请把你所赞同、质疑的观点与大家分享。

（四）客观记录，罗列观点——出"棋"制胜

（1）以级为单位分成三组，结合五大领域，分别以月光棋、天王棋和区字棋进行整合教育活动并填写表格。

表1　五大领域游戏棋记录表

领域　　棋类	语言	科学	健康	艺术	社会
月光棋					
天王棋					
区字棋					

（2）以本月各级主题设计不同形式的游戏棋

表2　各年级主题游戏棋记录表

年级	本月主题	游戏棋	玩法
大班级	相反国		
中班级	交通工具博览会		
小班级	噜啦啦		

（3）各组派一代表发言，其他组员投票。

（4）选出获票数最多的一组为胜利，发放小礼物。

（五）梳理整合，总结提升——"棋"乐无穷

1.主持人结合各组的观点，梳理棋类游戏在教育活动中的整合策略

（1）注重激发幼儿的学习兴趣。

（2）棋类活动与幼儿园教育活动目标的统一，培养幼儿良好的品质习惯。

（3）棋类活动与幼儿园课程内容相整合，提高幼儿的认知能力。

（4）把棋类活动与幼儿园教育活动的方法、形式和手段相整合，激发幼儿的活动兴趣。

（5）注重经验积累和资料收集。

2. 小结

经过教师们的探讨，我们梳理了一部分棋类游戏在教育活动中的整合策略，希望大家能学以致用。在日常生活中，我们要充分了解幼儿的年龄特点，

图2　教师现场反思

根据幼儿的年龄特点及身心发展规律，在与幼儿开展棋类游戏的积极互动中，让幼儿能乐在"棋"中，感受"棋"乐无穷。

【教研反思】

通过头脑风暴的教研形式，激发了教师主动参与的热情，有效促进教师的成长。在自主学习的氛围里，教师积极参与讨论、大胆发表，探讨在幼儿教育活动中实施棋类游戏的策略。瑞士心理学家皮亚杰说过："在幼儿时期要发展智慧，关键是让幼儿做各种各样的游戏，从娱乐中学，从玩耍中学。"但要真正把在教研活动中的新观念、新认识，内化为自己的教育观念，变成自己的实际的教育教学能力，还要靠教师及时地总结。

如何激发幼儿参加体育活动的兴趣

【教研背景】

依据《幼儿园教育指导纲要（试行）》对幼儿体育活动的要求，我园坚持每天开展丰富多彩的户外体育活动，力求为幼儿提供广阔的空间和活动机会，促进他们身心全面发展。在实施一段时间后，我们发现有些游戏幼儿百玩不厌，而有些游戏幼儿不愿参与，为解决这一问题，我们开展"如何激发幼儿参加体育活动的兴趣"研讨活动，旨在发挥集体智慧共同研讨解决方法。

【教研目的】

（1）观察、讨论、探究如何提供适宜的材料支持幼儿参与体育活动，激发幼儿参与体育活动的兴趣。

（2）在研讨活动中让教师掌握体育活动设计的策略，提高教师的专业化水平。

【教研准备】

1. 知识准备

主持人做好有关视频分析的资料以及体育活动设计相关的理论知识。

2. 物质准备

平衡木若干、黑板、记录表、笔。

【教研形式】

案例分析。

【教研对象】

各班教师。

【教研主持】

邓惠芬。

【教研过程】

（一）录像导入，抛出问题

（1）播放幼儿户外活动视频。

主持人：激发幼儿对体育活动的
兴趣，是幼儿园体育活动的重要目标，
也是引导孩子主动参与体育活动的前
提。教师如何激发幼儿对体育活动的兴
趣呢？我们先来看一个视频。

（2）提问：在片段里你发现了什
么问题？

（3）发现共性问题：有些游戏幼
儿很乐于参与，有些游戏的参与人数却
寥寥无几。

图1 耐心辅导，全面关注每一名幼儿

（设计意图：此环节旨在通过幼儿日常户外活动录像情况的再现，反映真
实存在的问题。）

（二）发现问题，找出原因

（1）提出问题：究竟是什么原因导致这种现象的发生？

（2）各组展开讨论，把讨论的结果记录下来。

① 感兴趣的原因：一是玩法多，可以爬、滚、钻、匍匐等，既可以单独
玩，又可以合作玩，具有趣味性、挑战性；二是材料可变性强，能根据游戏情
境，变换成草地、池塘、山洞等；三是游戏中教师能创设情景，扮演角色，用
声音、肢体动作去鼓励幼儿参与游戏；四是游戏有创意。

② 不感兴趣的原因：一是玩法单一，没有趣味性和挑战性；二是材料不吸

引幼儿，缺乏可变性；三是师幼、幼幼之间缺乏交流互动。

（设计意图：本环节意在通过小组讨论，让每位教师都有发言、反思的机会，让其能够更全面地分析问题的本质。）

（三）根据问题，探究策略

1. 教师讨论问题

主持人：教师们能捕捉幼儿的一举一动，发现了幼儿的兴趣和需要，找到了幼儿感兴趣和不感兴趣的原因。那么我们在设计和组织体育活动时应如何激发幼儿的参与兴趣？

2. 梳理归纳策略

主持人：如何激发幼儿参与体育活动的兴趣，根据大家刚才讨论交流的内容，得出以下策略。

（1）根据幼儿的年龄特点去创设体育游戏。

（2）遵循幼儿的个体差异和兴趣需要，及时调整游戏的难度和玩法。

（3）把握好介入的时机，做出合理的引导，形成良好的互动。

（4）挖掘材料的利用价值，为目标服务。

图2　体验游戏，活跃现场气氛

（5）设计富有挑战性、趣味性的游戏，发展幼儿的基本技能。

（6）注重游戏的创新。

主持人：在设计体育活动时我们应该为幼儿提供适宜的环境，支持幼儿参与体育活动，激发幼儿参与体育活动的兴趣。

（四）提供材料，探索不同玩法

（1）主持人：请各组成员利用平衡木探索不同的玩法并现场演示。（讨论时间为5分钟）

（2）各组成员演示玩法

A组：由原来幼儿单一地走平衡木，调整为教师坐在平衡木上充当障碍物。教师通过变换肢体动作、与幼儿的身体接触、声音的刺激等激发幼儿走平衡木的兴趣。

B组：两张平衡木平行对放，幼儿手脚并用像小乌龟一样爬过平衡木，可以横向爬、倒后爬、纵向爬等锻炼幼儿身体协调能力和爬行能力。

C组：把平衡木变成一条条"小河"，幼儿连续跨跳过。

（设计意图：此环节意在了解教师们对理论知识的理解，促使其知行合一，学以致用。）

（五）交流总结

主持人：原来单一的平衡木还可以创设这么多的玩法，游戏材料的一物多玩不仅可以激发幼儿对体育活动的兴趣，还在提高他们游戏技能，发展能力的同时，使幼儿心情愉悦。那么，在这次教研活动中你收获了什么？

A教师：通过这次的研讨，让我感受到一个人的想法是有限的，俗话说："众人拾柴火焰高"在大家思维的碰撞下，我学到了很多开展体育活动方面的专业知识，让我获益良多。

B教师：刚才归纳出来的策略，除了在体育活动中适用外，还可以迁移到其他领域教学中，我觉得有些方法是互通的。

C教师：通过这一次的教研活动，我认为积极参与到幼儿的游戏中，了解他们的兴趣和需要是必要的。

D教师：今后我们会继续努力，在安全的前提下，放手让幼儿尽情玩。

E教师：影响幼儿积极参与体育活动的因素有很多，我们还要继续探索，在实践中发现问题，共同解决问题。

【教研反思】

经验是在相互交流、探讨中建立起来的，教师们通过相互交流、思维碰撞，找到困惑的原因和解决方法，在观摩、反思、实践的过程中提高自己对体育活动的认识，观察指导能力也得以提高，营造了教师间团结合作、积极向上的研讨氛围。在开展体育活动时，要促进幼儿的动作发展，就需要教师根据幼儿年龄、动作的发展特点，在活动中有目的、有计划的观察与指导，探索如何给予幼儿最适宜的指导，提供机会让幼儿学习必备的运动技能，从而提高身体的协调性和灵活性。

第三章 研——有效提问

如何提高课堂提问的有效性

【教研背景】

提问作为教学手段，它贯穿于整个教学活动的各环节，但在教学活动过程中，教师提问往往存在以下问题：①教师不能根据活动重难点进行设问；②教师在课堂教学中容易形成无效提问；③教师过分追求答案的唯一性；等等。针对以上问题，我园开展以"教师有效提问"为话题的研讨，旨在帮助教师在组织活动中进行有效提问，促进师幼互动。

【教研目的】

（1）通过案例分析，让教师重视教学中的有效性提问，知道提问的基本方法。

（2）发挥教师同伴互助的作用，提升教师在教育实践中发现问题、解决问题的能力。

【教研准备】

1. 知识准备

查找"教师有效性提问"的相关资料。

2. 物质准备

纸、笔、黑板、电教设备等。

【教研形式】

案例分析、头脑风暴。

【教研对象】

青年教师。

【教研主持】

蒋小燕。

【教研过程】

（一）提出问题，引出主题

主持人：一个有效的"好问题"可以使幼儿的学习积极性提高，从而更好地促进幼儿的发展。今天，我们探讨的话题是如何提高课堂提问的有效性。

（1）提问：什么是有效课堂提问？（教师进行讨论发言）

（2）主持人小结：有效课堂提问是通过激发幼儿的思考，促进幼儿思维的发展，使幼儿逐步形成发现、思考和解决问题的能力。

图1　主持人提出问题

（二）组织学习，理论梳理

问题一：课堂有效提问的类型有哪些？

提问的类型：

（1）记忆性问题。

（2）启发性问题。

（3）比较性问题。

（4）创造性问题。

（5）逻辑性问题。

（6）开放性问题。

（7）选择性问题。

问题二：如何判断教师的提问是否有效？

判断教师的提问是否有效可以参考以下几点：

（1）是否紧扣活动目标？

（2）是否能激发幼儿积极思考？

（3）是否以问题推进活动的进行？

（4）是否形成有效的师幼互动？

（5）问题表述是否简洁、明确、清晰？

（本环节通过梳理观点，使教师们对有效提问有更全面、更深入的了解，为后一环节的案例分析研讨奠定理论基础）

（三）案例分析，具体研讨

1. 观看案例：中班语言活动《我喜欢》

在提问环节中，把该教师提问的句子记录下来。

2. 案例分析

（1）执教者讲述提问的目的。

（2）分组进行讨论，运用已有的知识对该教师的提问进行评价及提出建议。

3. 现场实践

实践要求：各组分别演示调整后的提问环节。

图2　观看现场语言教学活动

（本环节通过案例分析的方法，让教师们运用理论和实践经验对课堂提问进行分析以及修改，从而更好地理解有效提问）

（四）提出困惑，共同研讨

（1）教师根据实际情况提出困惑，共同研讨解决方法。

（2）主持人小结：陶行知先生曾说过："发明千千万，起点是一问。"

图3　教师记录困惑内容

可见，问题是创新的起点，它能激发幼儿积极思考、独立探究，希望教师们能将今天学到的知识在生活中学以致用。

【教研反思】

本次教研活动采用教师自主学习、收集相关资料的方式，有效激发了教师参与教研的主动性。在整个教研活动中，教师畅所欲言，对主持人提出的问题能大胆说出自己的见解。教师上好一节课，需要根据不同的活动设计和有效提问，这是一节教学活动课取得成功的关键，提出的问题是幼儿感兴趣的，乐于参与讨论的，这个活动就会收到预测的效果；反之，一节集体活动课会因无话可说、简单重复，变得低调乏味。总之，有效提问没有固定模式，只有教师不断地研究和探索，课堂教学才会变得更生动精彩。

如何做"点燃火炬的智者"

【教研背景】

《幼儿园教育指导纲要（试行）》在幼儿园课程实施中，课堂变"热闹"了，教师更关注幼儿答案的多元性，幼儿在课堂上思维更活跃了。但是，这其中也不乏部分教师为追求课堂的热闹气氛，而忽略了教育教学活动的真正目的，从而导致课堂教学的低效。那么，什么样的教学活动才是有效的？今天，我们开展"如何做点燃火炬的智者"的主题沙龙活动。

【教研目的】

通过教研活动，为教师提供一个交流共享的平台，唤起教师对教学细节、教育智慧、教学实效和自身发展的关注，让教师们知道什么是有效教学，学会关注集体教学活动中的细节，促进幼儿教师专业成长。

【教研准备】

1. 知识准备
收集案例、主持人做案例分析准备。
2. 物质准备
教研活动课件。

【教研形式】

头脑风暴、视频分析、案例分析。

【教研对象】

全体教师。

【教研主持】

李丽云。

【教研过程】

（一）"茶"的启示

（1）品茶：为每一位参加活动的教师沏一杯热茶。

（2）思考：泡一壶好茶需要做哪些有效准备工作？

（3）主持人讲述小故事。（附后）

（4）自由分享"故事的启示"。

（分析：活动在最平常的"茗茶"中聚焦了教师们的关注、兴趣、思维等，教师们不仅享受着"品茗"带来的温馨，也在品茗中思考和碰撞，切入主题）

图1　教师现场教研

（二）激发火花

1. 脑力激荡

（1）思考：结合我们的教学实际，说到"有效教学"，你会想到哪些关键词？

（2）请每位教师逐一说说自己想到的关键词。

2. 诠释观点

（1）展示三个"工作坊"："烹饪坊""时装吧""生态园"。

主持人：请教师认真思考，哪个"工作坊"最能代表且能诠释你心中有效教学的观点。

主持人：请教师自由选择"工作坊"，并组成三个临时团队，发挥集体智慧，合作讨论，用选择的"工作坊"诠释有效教学的观点。

（2）各团队围绕自己所选择的"工作坊"解读自己的观点。

主持人：请各"工作坊"选3名教师上台，诠释有效教学的观点。

（3）园长点拨：围绕实际分享"有效教学"的观点进行解读。

（4）主持人小结：集体的智慧是巨大的，团队的力量是不可低估的。各团队结合自己选择的"工作坊"来诠释自己的观点与共识，就像是调酒大师在调制一杯可口的鸡尾酒，丰富的色彩、良好的口感就是你们对有效教学的多角度诠释。

3. 观点碰撞

（1）教师观看教学活动片段（10—15分钟）。

（2）团队围绕问题进行讨论（5分钟）。

思考：①它是否符合你心目中的有效教学的标准？②哪些地方离有效教学还有距离？

（3）每组推荐一名代表交流观点，其他教师补充。

（4）主持人小结。

4. 回归实践

（1）请教师结合自己的教学实践，利用照片、文字等形式辅助，再次诠释。

（2）主持人小结：刚才教师们的发言，就是一条条达成有效教学的路径。例如，在追求有效教学的过程中，每一名教师要学会反思自己的日常教学行为：我的教学有效吗？有没有比此更有效的教学方法？

图2　教师交流思考

（分析：层层深入的设计，多维度的策略，把教师们带进教学的"现场"，让教师们对问题进行——剖析，从而找到症结，获取"真经"）

（三）活动感悟

主持人：教学实效的提升是一个系统工程，需要日积月累，需要我们不断学习，将反思作为自己的必修课，将细节作为一个成功教师的基本视角，将实效作为自己教学的落脚点。

【教研反思】

通过教师观点的交流与碰撞，相信"有效教学"会在教师心中点燃。事实告诉我们，活动过后教师们开始在日常教学活动中关注细节，能周密设计集体教学计划，在教学过程中尝试做灵活的应变，不仅提高了集体教学活动质量，展示了教师教学专业水平，还不断促进教师成长。

附：小故事

"智慧"的分享

南院法师是日本高僧。他曾经接待一位研究禅宗的大学教授。闲聊片刻后，法师随即上茶招待客人。他把客人的杯子倒满后，还继续向里倒茶。教授盯着溢出来的茶水，终于忍不住了，叫道："杯子太满了，再也装不进去茶了。"南院法师说："你就像这杯茶一样，头脑里装满了自己的判断、见解和推测，如果你不倒空你的杯子，我怎么向你揭示禅的真谛呢？"

如何提升师幼互动的有效性

【教研背景】

在幼儿园日常教育教学中，良好的师幼互动能使幼儿得到更全面的发展。但我园教师在师幼互动过程中存在着一些问题，例如：教师不能突出幼儿的主体地位；教师忽视幼儿的需要；教师未能顾及幼儿的情感表达；等等，这些问题直接影响着师幼互动的效果。针对以上问题，我园组织教师开展"如何提升师幼互动的有效性"的教研活动，旨在进一步提高师幼互动水平。

【教研目的】

通过案例分析、头脑风暴等教研形式，共同探讨师幼互动中有效促进幼儿发展的策略，促使教师在教学活动中养成及时反思教学策略的习惯，让有效的师幼互动体现在每一次教学活动中，从整体上提高我园教育教学的质量。

【教研准备】

1. 知识准备
记录平时有效的教学方法、了解幼儿发展现状。

2. 物质准备
电教设备、教师教学视频片段、白纸和笔若干、小皮球若干个。

【教研形式】

案例分析、头脑风暴。

【教研对象】

全体教师。

【教研主持】

曾昭环。

【教研过程】

（一）游戏导入，引出主题

1. 游戏——抛接球

游戏规则：教师分为AB两组，A组的教师负责抛球，B组的教师负责接球，在规定的时间内两组之间进行抛接球游戏。

2. 谈感受

主持人：请教师们谈谈你们在游戏中的体会与感受。

3. 主持人小结

在我们的游戏过程中，教师之间的抛接球就如师幼互动一样，幼儿对事物的认识经验有限，探索多数停留在事物表面上，这时教师就要对幼儿进行点拨，捕捉教育的最佳时机。每一个幼儿都有被认可的渴望，当他努力完成自己的一件事后，如果教师对幼儿表现出惊讶、赞赏、认知，甚至由衷的喜悦这些情感，就能使他们有持续发展的动力。

图1　教师分组记录困惑

（二）观看视频，情景再现

1. 视频《要买票的》片段

（1）教师观看该视频片段A。

（2）谈谈假如你班上的幼儿出现这种情况，你会如何做？

（3）教师观看该视频片段B。

（4）教师反思刚才自己假设的做法中存在哪些问题，请个别教师表达自己的想法。

（5）主持人小结：在师幼互动中，教师要了解幼儿的年龄特点，从幼儿的视角去看待幼儿的行为和问题。对于年龄小的幼儿，教师可使用更亲切、友好的方式进行互动，互动中可带有游戏；对于年龄稍大的幼儿，教师可更多地进行语言互动，互动的问题可更具发散性。

图2　教师代表分享策略

2. 视频《谁能把核桃打开》片段

（1）教师观看该视频片段A。

（2）教师根据已有经验谈谈自己采取的方法。

（3）教师观看该视频片段B。

（4）教师针对教学中类似的问题进行反思。

（5）发给每位教师一张反思记录卡，要求教师把自己的反思以及师幼互动的策略记录在卡上。

图3　分组交流研讨困惑

图4　教师记录策略

（6）主持人小结：意大利教育家瑞吉欧有这样一句话："接过孩子抛过来的球，并抛还给孩子。"这句话告诉我们，教师要随时注意观察孩子，及时捕捉孩子提出的有价值的问题，然后再把问题"还给"孩子。师幼只有在共同参与探索，共同提出设想，共同寻找材料，共同寻求答案的互动中，才能迸发智慧的火花，促进情感的交流。

（三）头脑风暴，情景表演

规则：请各组教师根据选中的问题，在规定时间内创设情景并把所采用的师幼互动方法策略表演出来。

（四）主持人总结

陈鹤琴先生在"活教育"理论中对教师提出："积极的暗示胜于消极的命令，或语言、或文字、或图画、或动作皆可以暗示。"幼儿教师更应努力消化这一点并付诸实践。也就是说"教师要活"，所谓"活"，就是指教师在师幼互动中要具备活的教育思想、活的教学手段、寻找活的教材、培养活的幼儿，这才是我们教学的最终目的。

【教研反思】

活动通过情景再现引导教师观察、思考、总结，最后教师们达成了共识：

（1）在师幼互动中，教师要善于观察幼儿独立的活动行为，并结合幼儿个性特征及其所处场景对该行为作出全面认识。

（2）教师应洞察幼儿行为的真正原因，注意适时引导和介入，让幼儿自由地表达自己对事物的感知和理解。

（3）教研活动中的案例应考虑热点与共性的问题，教师的研讨积极性会更加高涨，提出的建议会更有深度和广度。

如何提高教学活动中教师的教育智慧

【教研背景】

在教学活动中常发生意想不到的"小插曲"，如：幼儿的回答与提问不相关时；幼儿参与活动缺乏信心时；遇到"唱反调"的幼儿时；幼儿上课聊得比教师还起劲时；等等。对于这些突发状况，教师的临场应变能力能充分体现教育智慧，这就需要智慧型的教师，因此，我们开展了"如何提高教学活动中教师的教育智慧"教研活动。

【教研目的】

（1）通过教研活动，提升教师在教学活动中临场应变的能力。
（2）为教师搭建讨论、交流、分享的平台，发挥集体教研智慧。

【教研准备】

教研活动课件、视频、音乐、调查问卷、反应问答题、卡纸8张、大头笔4支。

【教研形式】

视频分析、头脑风暴、经验分享。

【教研对象】

全体教师。

【教研主持】

关柳婷、邓倩华。

【教研过程】

（一）反应大比拼

1. 快问快答

游戏规则：

（1）分组游戏，每组成员轮流进行游戏。每组需要回答十题，答对一题得一分，分数最高的小组获胜。

（2）每组派出一位记分员，交叉计分以示公正。每组游戏结束时，记分员将结果交给主持人。

图1　热身游戏

2. 引出探讨话题

主持人：刚才的游戏考验了大家的反应，看来我们的教师不仅反应快，而且很机智。今天我们探讨的教研话题是：教学活动中教师的教育智慧。

（二）智慧大比拼

主持人：教师要学会"抓住"幼儿抛过来的"球"，再以适当的方式把"球"抛给幼儿。在这个过程中，教师的抛与接十分重要。教师能在课堂中自如应变、因人而变、因时而变、因地而变，这就是我们所说的教育智慧。

主持人：接下来进入第二环节"智慧大比拼"。

1. 游戏规则

每组回答五道题目，请选择合适的课堂用语回答PPT里的问题，答对一题得一分，分数最高的小组获胜。

2. 进行比赛

主持人朗读完题目，教师们方可举手回答问题。

3. 主持人小结

主持人：教师们，有效的课堂用语能拉近我们和幼儿的距离，激发幼儿学习的主动性，让课堂充满生机和快乐。俗话说：教无定法，贵在得法。课堂用语没有绝对的标准答案，希望今天的学习能起到抛砖引玉的作用，让教师的课堂更精彩！

（三）应变大比拼

1. 应变大比拼

主持人：教师真不简单，不仅要有扎实的专业知识，还要不断地在课堂实践中发现问题、解决问题，具有课堂应变能力。马卡连柯曾说过："教育技巧的重要特征之一就是要有随机应变的能力。"通过刚才两个活动，相信教师们更能体会教育智慧在临场应变中的重要性。

主持人：接下来是我们的"应变大比拼"。请教师们来看一节社会教学活动《我们都是木头人》，这位教师在邀请现场嘉宾参加游戏环节的过程中发生了一个小插曲。请看！（播放视频）

主持人：请教师们看完视频想一想，假如你是上课的老师，会如何应变？

要求：①案例分析，分组讨论10分钟，教师将应变方法写在卡纸上。②每组派出1名代表介绍该小组的应变方法。

2. 观看视频，分享应变方法

主持人：每个小组都分享了应对方法，这是小组里的智慧结晶。这些办法是否可行，还需要教师通过今后的实践去感悟。你们想不想知道视频中的教师是怎样应对的？请看！（播放视频）

图2 教师分组写下教研收获

主持人小结：教师除了会用到一些常见的课堂回应外，在课堂中还有可能发生一些我们意料之外的事情，这些更能考验教师们在教学活动中的敏锐反应以及灵活机智应对的能力。陶行知先生说："发现千千万，起点是一问。智者问得巧，愚者问得笨。"可见，有效的教学课堂回应是需要技巧的，是需要我们不断积累经验和增长教育智慧的。希望每位教师都能做个"智者"，让我们的幼儿获得更多知识。

（四）分享与感悟

1. 请教师写下本次教研活动的收获

主持人：现在是最后一个环节，分享与感悟。请大家用3分钟的时间写下你今天在活动中的收获和感悟，3分钟后，请大家围成圈，分享你的所思所想。

2. 游戏：听音传爱

主持人：今天我要用"听音传爱"的方式选出八位教师进行现场分享。教师们，虽然我们一起共事多年，但很少会相互之间送上拥抱，所以借此机会让教师们打开心扉，把你的爱送出去，让爱流淌在我们这个大家庭里。

播放舒缓的音乐，全体教师围坐一圈，通过听音乐轮流送"抱抱"的方式选出八名教师现场分享教研收获。

3. 主持人结束语

今天我们的活动不是为了考验大家，是希望能通过我们提供的课堂用语、视频分析起到抛砖引玉的作用，希望我们的活动能引起教师们的共鸣、反思，带给大家一些启发和感悟。

【教研反思】

每个活动成功的背后，都离不开教师周密的计划和充分的准备，以及对每个细节精准和完美的把握。本次教研采用了沙龙形式：从入场的音乐氛围到"围桌式"的座位摆放，给人带来"茶话会"式的轻松感受；生动活泼的情境表演和案例呈现，真实地再现了教师们工作的场景，给教师们带来身临其境的

图3　教师观看视频

感受；分组讨论和集体表演取代了单一的"说"，为教师们提供了展示集体智慧和个人才华的机会，激发了大家主动参与的兴趣。

如何在科学活动中进行课堂观察

【教研背景】

苏霍姆林斯基说："任何一个教师都不可能是一切优点的全面的体现者。"教师间差异性的资源，在合作中能得到充分的利用和体现。因此，为进一步改善本园教师听评课方式，我们借鉴《课堂观察——走向专业的听评课》一书中，基于技术——合作——研究的专业听评课框架，选择以听评课的方式开展了本次教研活动。

【教研目的】

（1）尝试运用新的专业听评课框架来提高听评课者的课堂观察能力，提高教师的课堂教学教研水平。

（2）通过观摩大班科学活动《燃烧的秘密》，帮助执教者发挥自身长处，科学地发现存在的不足并进行改进。

【教研准备】

计时器、听课本、笔、拍摄器材。

【教研形式】

参与式教研。

【教研对象】

教师工作坊科学组成员。

【教研主持】

何宝琴、黄静。

【教研过程】

（一）活动背景

《3-6岁儿童学习与发展指南》提出："引导幼儿通过观察、比较、操作、实验等方法，学习发现问题、分析问题和解决问题。"但在科学活动中，教师们往往会忽略这一点，常出现局限幼儿操作的情况，甚至觉得科学活动很难开展。今天透过陈老师的大班科学活动《燃烧的秘密》，让我们尝试用一种新的听评课框架，来帮助她进行梳理，科学地改进和研磨更好的科学教学活动，让我们组的教师们对科学课的开展有进一步认识和了解。

图1　第一次教学

（二）科学活动前的情况

1. 执教教师说课

主持人：现在请陈老师进行说课，其他老师要关注她设计各环节的目的，只有了解陈老师目前的需求，才能更好地在观评课中帮助陈老师。其他老师在听的过程中，如有疑问，可以先记录下来。

（1）活动目标。

大班科学活动《燃烧的秘密》是第一课时，幼儿已有的知识经验包括知道蜡烛能被火点燃，知道空气无处不在。而本活动的目的是通过观察蜡烛燃烧的现象，让幼儿初步了解空气与燃烧的关系，从而培养幼儿的探索兴趣和观察能力。

（2）幼儿情况。

该班幼儿学习态度认真，在课堂上能积极参与和思考。但如果教学环节和教学内容不能激起幼儿的挑战欲，可能会让幼儿逐渐失去耐心。

（3）教学流程。

环节一：麦咭导入，激发兴趣。用幼儿喜爱的卡通人物来激发幼儿的兴趣，激发幼儿的挑战欲，让幼儿对接下来的环节持期待的态度。我将《麦咭》这一儿童电视节目的亮点制作成动画PPT，贯穿整个环节，让幼儿带着问题去尝试小实验，得出结论后再利用麦咭的录音点评。

环节二：闯关游戏，动手尝试。这一环节共分为四关，包括一次猜测三次动手尝试。

第一关是引导幼儿大胆猜测有什么办法能让蜡烛熄灭？

第二关是给每人提供一个杯子，带着问题："用杯子能把蜡烛熄灭吗？"让幼儿去尝试，尝试后再展示自己的发现。

教师小结：蜡烛燃烧需要空气中的氧气，当蜡烛将杯子里的空气燃烧完了，蜡烛就会熄灭。

第三关是给每人提供一个大杯子和一个小杯子，带着问题："大杯子和小杯子同时盖住蜡烛，哪个杯子的蜡烛先熄灭？"幼儿尝试后展示自己的发现。

教师小结：小杯子里的氧气少，蜡烛燃烧的时间短，所以先熄灭；大杯子里的氧气多，蜡烛燃烧的时间长，所以后熄灭。

第四关是要考验幼儿在发现杯子和火之间的关系后，继续进行不让火熄灭的尝试。幼儿带着问题："杯子盖住蜡烛，火就会熄灭，用什么办法能不让火熄灭呢？"进行尝试。

教师小结：只要让杯子里不断输入空气，蜡烛就会不断燃烧。

环节三：闯关结束，总结评价。以麦咭的奖励方式——获得石像来奖励幼儿，让幼儿体验动手做实验并得出结论的兴奋雀跃。教师延伸知识：空气对火的燃烧能产生作用，人类、动植物等均离不开空气，以此来提高幼儿的环保意识。

（4）自我反思。

根据上次我们工作坊教师给的建议，我重新调整教案后觉得更完善了，特别是麦咭的引入能给幼儿带来新鲜感和兴奋点。但我比较担心自己的现场回应能力，以及幼儿操作时可能会出现的突发情况。因为有时一遇到我设想外的情况，就会出现很多唠叨语言，请大家帮忙精简提炼下我的课堂语言。

2. 听课老师与陈老师进行交流

主持人：听完陈老师对这节课的详细说课，可以看出陈老师能按照之前大家的建议加上自己的思考重新调整教案，这节课可以说是大家智慧的结晶。每个教学活动它总不可能做到十全十美，希望通过听课老师和陈老师的共同努力，让它更完善。现在请老师们针对陈老师的这节说课各抒己见。

A老师：调整了教案之后，我觉得各环节衔接得更紧密了，应该能够吸引幼儿。但大班幼儿思维比较活跃，总敢于向老师提出疑问，陈老师有应对的方法了吗？

陈老师：这正是我比较薄弱的地方，结合之前几节课的经验，加上大家给了我很多回应幼儿的建议，我已经把它们一一记录下来并牢记。

主持人：其实教师把心情放松，把公开课当成日常教学活动，面对幼儿的提问不要过分紧张，想想怎么回应才能让问题升华，让幼儿得到关注与满足呢？这样的回应会更好。

B老师：现在我担心的不是课例的设计，而是你和幼儿之间的互动。希望不管幼儿表现如何，你都要保持镇定的情绪。

陈老师：好，谢谢你的鼓励！

C老师：我的疑问是从第一关到第三关的设计都是层层递进的，但到了第四关的试验并没有再递进，反而有些"原地踏步"的感觉。

陈老师：在重新调整教案时，这个环节我也有所犹豫，但我觉得运用杯子进行燃烧的控制，对幼儿来说是有难度的，所以我想让幼儿继续进行尝试。

主持人：陈老师的这些困惑和设计方面的问题，不是一时半会能解决的。这些需要我们在课堂中仔细观察。

（三）课堂观察

主持人：今天我们主要以幼儿参与度、问题设计、教师引导、课堂对话、知识落实，这5个观察点来进行课堂观察。

1. 确定观察点

幼儿参与度：A老师　　　　　　问题设计：B老师

课堂对话：C老师　D老师　　　　知识落实：E老师

2. 观察位置的选择

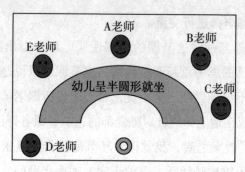

图2　教师观摩课堂位置图

3. 各小组观察量表

表1　幼儿参与观察表

活动环节 / 幼儿参与		第一环节	第二环节	第三环节	第四环节	第五环节
专注倾听	人数					
	比例					
回答人数						
主动应答	人数					
	比例					
参与操作	人数					
	比例					

表2 问题设计观察表（用A.B.C……来表示）

问题 提问内容	问题设计				幼儿反应		其他
	问题 表述	提出 方式	关联 度	指向 性	理解 反应	应答 反应	
问题1							
问题2							
问题3							
问题4							
问题5							
问题6							

表3 课堂对话观察表

项目		语言特征	行为特征	表情特征
对话	教师			
	幼儿			

表4 知识落实表（用A.B.C……来表示）

活动环节	环节内容	对知识的理解		操作运用	
		正确度	熟练度	正确度	熟练度
环节1					
环节2					
环节3					
环节4					
其他					

（四）科学活动后的情况

1. 执教教师课后反思

主持人：刚才陈老师为我们展示了大班科学活动《燃烧的秘密》，现在请陈老师从目标达成、教学过程这两方面对这节课进行课后反思。

陈老师：本节课的目标主要有两个：目标一是感知蜡烛燃烧的现象，初步了解空气与燃烧的关系。我设想幼儿可能需要多次提醒才能完成这个任务，但有了麦咭的引入，幼儿在课堂上表现较专注积极，能大胆地进行验证，这一目标我感觉基本达到了。目标二是培养探索兴趣和观察力，通过这节课，幼儿对科学活动已产生较浓的兴趣，对事物的观察比较认真仔细。

这个班级的幼儿确实很活跃，受到麦咭的鼓舞，幼儿更加雀跃了。但在教学过程中，我的启发引导不到位，语言组织不够简短精练，导致说的话比较啰唆，这是我处理不当的地方。

这节课教学情境的创设，我认为比较成功，课前准备较充分，包括课件的制作、操作材料的准备等，幼儿通过直观感受体验，能有效地落实情感目标。

图3　第二次教学

2. 观察汇报

主持人：接下来由科学组的教师们根据自己负责的观察点进行汇报。

（1）幼儿参与度。

A教师：我的观察点是幼儿的参与度。第一，从专注倾听的情况看幼儿的参与度。根据幼儿的目光、神态等方面的统计，幼儿在整个过程中专注倾听的有16人，占全班人数的89%；第二，从参与操作和幼儿的积极程度来看，全体18个幼儿参与了操作，除了在最后一次操作开始时表现不清楚教师指令外，其他环节幼儿的操作都是较积极踊跃的；第三，从幼儿回答问题的参与度来看，参与回答者有15人，占全班幼儿的83%。根据我们观察到的情况，所设的问题幼儿几乎都是主动回答的。总之，本节课幼儿的参与度是比较高的。

（2）问题设计。

B教师：我的观察点是幼儿问题设计。本节课，陈老师共提出了20个问题，我着重选取其中的2个进行具体观察。从问题提出方式来看，预设性问题有12个，占全部问题的60%。预设性问题可以避免课堂提问的随意性与盲目性，对问题设计的质量有了一定的保证。指向不明确的问题有4个，占全部问题的20%。陈老师在这节课上还是能把握住自己的教学方向，虽然有个别提问指向不清晰，但与自己比已有很大的进步。从问题设计的层次来看，陈老师的设计较有梯度性，体现出问题的难易程度。我建议在重视提问的时候，也要注重数量和质量的统一。一节课内如果问题过多，即使问题设计得很好，也会因为留给幼儿思考和探讨的时间减少，而影响思考与探究的深度与广度。

（3）课堂对话。

C教师：教师引导的方式既有语言引导，又有非语言引导。陈老师在活动中能运用生动的语言和表情吸引幼儿的注意力，有效地提高幼儿学习的积极性和专注力。在活动中我发现，陈老师在语言上能用"让我们……""请……"等这些尊重幼儿的语言，表情始终是面带微笑的，对幼儿给予充分的尊重和理解。

D教师：课堂上教师的引导和如何回应幼儿是很重要的。本节课我发现陈老师在与幼儿对话时，未能清晰梳理问题的重点，未能体现教师的课堂机智，导致教师语言不够简练。例如：幼儿已经回答出答案了，老师仍不断追问幼儿，以求幼儿能完整、正确地回答出老师心中预设的答案。我建议陈老师可用概括的方式进行回应。

（4）知识落实。

E教师：我主要观察的是各环节涉及的知识点和掌握情况。从幼儿的操作验证情况来看，幼儿能掌握本节课教学的知识点，且各环节均是幼儿自己寻找答案的。在前面两个实验操作中，幼儿能较顺利地完成并得出结论。但在最后环节教师的提问让幼儿有所困惑，导致刚开始操作时，有50%的幼儿出现不知所措的情况，后来在个别幼儿的成功操作中部分幼儿进行模仿，这种情况才逐渐好转。也就是说，在这一环节中，教师设计的操作问题不利于幼儿知识的掌握。我觉得此环节设计欠缺层次性。

3. 概括总结

主持人：听了陈老师和各位的交流，我认为这堂课的亮点有以下几点：

（1）"麦咭"这一教学手段的引入，为课堂增添了色彩，给幼儿带来了新鲜感，吸引幼儿不断地去发现问题，探究原理；同时解决了教师"一上场就紧张忘词"的问题，因为"麦咭"课件取代了教师的部分引导语和小结语，给教师减轻了思想上和语言上的压力。

（2）幼儿的思维活跃，能积极地与教师互动，让课堂氛围更融洽和谐。幼儿在整个过程中能专注倾听的人占全班人数的89%，全班18个人参与了操作，参与回答的人占全班幼儿的83%，而且有很多幼儿多次举手发言，课堂上幼儿的参与度高。教师积极引导，幼儿之间积极踊跃，师生之间相互信任……这些都能从师生的言谈举止和面部表情中感受到。

对于这节课，我们的建议有以下两点：

（1）在本节课里，陈老师在与幼儿对话方面有了较大的进步，加上"麦咭"的分担，让课堂教学更高效了。还需要继续加强的是，要多与幼儿进行教学对话，希望陈老师能通过日常的教学锻炼提高自己的回应和总结归纳能力，让自己的语言更清晰简练。

（2）大家一致认为最后一次的操作教师的引导语不够清晰，导致幼儿操作有所耽搁，未能体现层次性。那么如何去调整呢？可否换成其他的实验操作呢？我觉得可以尝试提供几种材料，让幼儿选择性地探究，既体现了自主能力，又锻炼了幼儿的辨别和观察能力。这样的环节是不是变得更有意义呢？

主持人：课越磨越精，人越练越强。相信我们组的教师们在这一系列的听课、评课、研课的过程中，能力都有所提升。在接下来的公开课展示中，相信陈老师的课例一定会有飞跃的进步。而这次的听评课框架是一次大胆的尝试，肯定有很多不完美的地方。所以还需要大家深入探究研磨，努力发掘它的精髓。

图4 第三次教学

附：

大班科学活动：蜡烛燃烧的秘密

【活动目标】

（1）感知蜡烛燃烧的现象，初步了解空气与燃烧的关系。

（2）尝试大胆进行操作，提高观察力。

（3）体验科学探索的乐趣。

【活动准备】

多媒体、打火机、大小不同的杯子和托盘要确保人手1个、蜡烛若干。

【活动过程】

（一）闯关导入，引起兴趣

师：小朋友，你们有没有看过《疯狂的麦咭》这个电视节目？它是做什么的？（里面有很多闯关的游戏）那你喜欢吗？今天，麦咭也来了，你们敢不敢挑战它？好，那等一下请小朋友开动脑筋，大胆地去尝试，接下来就要靠你们的智慧了。

（二）闯关游戏，动手尝试

1. 第一关：不吹就灭的蜡烛。

麦：欢迎大家来到第一关。闯关成功可以获得一尊石像，你们要加油了。（播放麦咭视频）

问题：有什么办法能让蜡烛熄灭？（幼儿作答）

师：小朋友都想到了各种各样的好方法，来听听麦咭是怎样说的？（播放麦咭视频）

2. 第二关：给一个杯子，幼儿能把蜡烛熄灭吗？

（1）幼儿第一次尝试操作。

麦：只给你们一个杯子，你们能把蜡烛熄灭吗？

师：试一试怎样用杯子熄灭蜡烛，注意拿杯子时要轻拿轻放，还要注意用火安全哦！（幼儿操作）

（2）交流分享自己的发现。

师：哪一个小朋友能出来边说边演示一下？（个别幼儿演示）

师：为什么用杯子盖住蜡烛，火就会熄灭？

教师小结：蜡烛燃烧需要空气中的氧气，当蜡烛燃烧时，将杯子里的空气用完，蜡烛就会熄灭了。

（3）播放麦咭，对幼儿进行表扬。

3. 第三关：大杯子和小杯子同时盖住蜡烛，哪个杯里的蜡烛先熄灭？

（1）幼儿猜想。

提问：大杯子和小杯子同时盖住蜡烛，哪一个会让蜡烛先熄灭呢？

（2）幼儿第二次尝试操作。

（3）幼儿交流分享自己的发现。

（4）教师小结：小杯子里的氧气少，蜡烛燃烧时间短，所以先熄灭，而大杯子里的氧气多，蜡烛燃烧的时间长，所以后熄灭。

4. 最终考验：如何让蜡烛继续燃烧。

（1）播放麦咭视频。

提问：我们都发现杯子盖住蜡烛，蜡烛就会熄灭，你们有什么办法让蜡烛不熄灭呢？

（2）幼儿第三次尝试操作。

（3）操作与思考：为什么在蜡烛快熄灭时把杯子弄开点，蜡烛就会不熄灭？

（4）教师小结：只要让杯子不断输入空气，蜡烛就会不断燃烧。

（三）闯关结束，总结评价

（1）师：小朋友，你知道吗？空气很重要，没有了空气蜡烛就会熄灭，那么人没有了空气就会怎么样？

（2）教师小结：所以我们要保护环境，爱护空气。

（3）今天闯关成功，我们一起去领奖品吧！（播放麦咭视频）

【教研体会】

主持人：请教师们说说自己对本次教研活动的体会与感悟，大家各抒己见，畅所欲言。

A教师：在以往的听课中，我们可能会更多地关注教师单方面的行为，没有对幼儿的学习有一个比较系统科学的跟踪评价。评课时，有的教师往往凭感觉去进行评价。这次的教研活动，对我们每位教师都有了明确的分工，每位教师专注于一个重点进行观察、记录，这样让我们的观察更细致、针对性更强，让课堂观察更具实效性。

C教师：确实，一般听课我们只会带着听课本和笔直接走入课堂，对于授课教师不一定了解，以致我们发现的问题不全面。这次的教研活动给予我对听评课一个全新的认识，对提高教师听评课能力是一次突破。我们通过活动前研讨，对这节课以及授课教师的设计思路有了初步的认识和了解，在评课前，我们有针对性地进行了分工，还设计了相应的量表。评课时用科学且有根据的数据说话，进行理性分析，既有助于执教教师调整教学策略，又有利于听课教师提高教学经验和听评课的能力。

B教师：在本次活动前研讨中，通过听课人与上课人对听课观察点与课堂教学设计互相交换意见环节，有效地提高了授课人的课堂教学效率。听课人做到有"备"而听，选择自己的课堂观察点和观察位置，课堂上有目的地观察，从思想上参与到整个教学活动中去。

陈老师：作为执教教师，我的感受较深。这次的新模式对我是有难度的。我要理清自己的设计思路，对每一环节的设计都要有一定的思考才能和大家交流。所以活动前研讨既锻炼了我的说课能力，又让我重审自己的教学设计，让每个环节更具合理性。课前，大家针对我薄弱的地方设计了观察表；课后，用数据来告诉我课堂的情况，简单、明了，便于我调整教案，让我在对孩子回应和课堂总结归纳能力方面有了一定的提升，使自己的语言更清晰简练。谢谢大家！

主持人：正如大家所说，以前的听评课活动，课前准备只是执教者一个人的事情，课堂上只需关注教师的"表演"，听课后对于整个课堂教学过程也只是一个模糊的印象。其实，听课观察的载体虽然是"课"，但关注点是课堂教学中的"真实问题"、课堂教学中的各种困惑，以及幼儿的学习能力和教师专业能力的问题。评课应是基于对课堂"教"和"学"行为的细致观察，然后对课堂中出现的真实问题做出多角度的解释。这个新的听评课框架打破了我们传统的凭印象评课方式，用数据支撑自己的理论和观点，给授课教师基于事实的依据、数字统计，提出有效合理的建议。

【教研反思】

这种听评课框架在幼儿园是一次新的尝试，今后我们还需要进一步研究，让它更适用于幼儿园教学。上述的观察量表是根据陈老师的课来设计的，对不同的课例应有不同的观察量表，这也是我们下一步需研究的内容。教师们还可以尝试自己去设计一些量表，让量表更具针对性，作为我们听评课的重要工具之一，也可作为今后听评课的参考材料。

如何根据幼儿的体态语进行有效介入

【教研背景】

《幼儿园教育指导纲要（试行）》指出："幼儿园教育应尊重幼儿的人格和权利，尊重幼儿身心发展的规律和学习特点，以游戏为基本活动，保教并重，关注个别差异，促进每个幼儿富有个性的发展。"对于如何解读幼儿，不少教师提出了诸多困惑：如何在观察和了解幼儿的基础上，采取及时有效的教育措施？教师如何根据幼儿的体态语进行分析和有效介入？针对以上困惑，我们开展了本次教研活动。

【教研目的】

（1）通过案例，教师围绕话题"如何根据幼儿的体态语进行有效介入"，分析观察幼儿，学会捕捉幼儿的关键信息。

（2）通过研讨活动，引导教师发现日常生活中 "见怪不怪"的弊端，学会质疑，进一步感悟和反思教学行为，采取有效的教育措施，做到真正的尊重幼儿，提高教师的专业化水平。

【教研准备】

1. 知识准备

对幼儿日常的体态语有一定的观察，收集多个比较有代表性的案例。

2. 物质准备

油性笔8支、大白纸6张、投影仪1个。

【教研形式】

案例剖析、游戏互动。

【教研对象】

全园教师。

【教研主持】

谢群莉。

【教研过程】

（一）竞猜游戏，引出研讨主题

1. 进行游戏：我猜，我猜猜猜

游戏规则：每组派2名组员进行游戏，教师根据主持人的动作进行猜测并写下来，答对最多的那组获胜。

2. 主持人总结

通过游戏由此可见，体态语在人际交往过程中具有相当重要的意义，能给我们传递很重要的信息。心理学家有一个有趣的公式：一条信息的表达＝7％的语言＋38％的声音＋55％的人体动作。这表明，人们获得的信息大部分来自视觉印象。

幼儿在我们面前的行为表现——即"体态语"，幼儿的体态语十分丰富，这些体态语是幼儿内心世界的真实流露，是幼儿个性特质的具体体现，是幼儿特定的心理反映出来的无声语言，它具有独特的有形性、可视性和直接性。体态语也是教师在观察幼儿的过程中最直接获得的视觉印象，如何做到有效观察呢？今天我们探讨的主题是"如何根据幼儿体态语进行有效介入"。

（二）经验分享，讨论不同的体态语

1. 提问

幼儿的体态语包括什么？（动作、表情、姿态、行为方式等）

2. 游戏《我是观察大王》

主持人：根据以下问题，请每组组员分析幼儿当时的体态语。

（1）幼儿在遇到困难时，有什么样的体态表现？

（2）幼儿在回答问题时，有什么样的体态表现？

（3）幼儿在接受表扬时，有什么样的体态表现？

教师小结：美国心理学家艾德华·霍尔也曾十分肯定地说："无声语言所显示的意义要比有声语言多得多。"在日常生活、游戏、教育活动中，师幼、幼幼间无时无刻表现着各自的体态语，表达着不同的内心感受。

（三）脑力激荡，引起共鸣

主持人：幼儿的体态语很丰富，我们可以透过幼儿的外在表现，剖析幼儿当时的心理状况。教师如何根据幼儿当时的体态语进行有效的介入呢？下面我们将进行案例剖析。

1. 观看案例：《做小伞》

活动背景：区域活动中，幼儿可根据自己的兴趣爱好自主选择材料，教师不做示范，幼儿可根据制作图示或者教师提供的一些范例，自己探索研究。区域活动前教师介绍了新增的材料，辉辉选择了做小伞。

图1　教师现场交流分享　　　　图2　分组讨论幼儿不同的体态语

制作过程：辉辉拿起纸和剪刀，麻利地剪了起来，一会就把小伞的伞面剪好了。接着，他做起了伞柄，伞柄卷好后，他左看右看自己的作品，再尝试着把圆圆的伞柄放到伞面上，发现依然不行。他再看看同伴，同伴已做好了并走到了别的桌子边，辉辉想请同伴帮助，但同伴全然不知。辉辉又自己探索，尝试两次都未成功。他摸摸头，眼睛看着窗外，没有了刚才的热情。

要求：根据所提供的案例，教师以组为单位围绕下面的问题进行思维碰撞后，把答案写在大纸上。

提问：

（1）在案例中，你观察到幼儿的体态语是什么？体态语给你传达了什么样的信息？

（2）根据幼儿展现出来的体态语，你会在什么时候介入？

（3）你采取什么样的介入指导方法？

主持人小结：读懂幼儿体态是教师与幼儿积极有效地进行体态互动的基础，因此，教师在观察的基础上进行恰当的分析是理解判断幼儿体态意义的必要途径，这样才能做到有效介入。

2. 经验实操

主持人：接下来是经验实操环节，请各组抽取一个案例，并根据案例分析出教师的有效介入方法后，再进行案例重演。

案例A：画画

活动背景：教师在活动前提出了瓷砖画的要求是自己组合，三人一组，活动前要商讨好画什么，要学会合作。雯雯、欣迪、雨豪选择组成一组。

绘画过程：三人一起把东西拿到瓷砖那里并商量，结果是画山、树、花等。雯雯提出画太阳，在对太阳的颜色进行一番争论后，欣迪用红色画了一个不太圆的太阳。雯雯说："你画得不圆。"欣迪表情不自然约五秒钟，然后说："我来涂色，你画吧。"说完就到雯雯画的自认为圆的太阳上涂色。而后欣迪几次避开圆形，总是在做他们的下手，而且涂完色总是要看看雯雯。

案例B：剪小鱼

活动背景：今天是区域活动，教师在美工区提供了制作小鱼的美工材料。这个材料比较复杂，主要是鱼尾巴上的两片材料是不一样大小的，在剪完后有一片需要进行折边，才能与另外一片粘贴起来，最后才能把鱼尾巴贴上。教师希望幼儿在不能很好粘贴的情况下积极探索。

制作过程：赵子龙剪完了大小不一样的鱼的两个平面图，在粘贴时发现两片鱼有大有小。他稍做犹豫，但还是贴了起来，贴完后赶紧把不整齐的一面压在下面，于是，他眉毛紧皱。教师提醒他剪贴尾巴，像水浪形的鱼尾巴被他剪好了，在贴尾巴时，他想贴在夹层中，但由于下小上大，不容易做到，尝试了几次，把尾巴贴在了上面，他脸色尴尬，不敢看老师、同伴。

（四）"贴士"分享，共同进步

主持人：幼儿的体态如同一本书，内涵丰富，千姿百态，每一个体态都表达了他们特定的心理反应，以下是"贴士"分享，我们一起看看如何做才能更有效地读懂幼儿的体态语。

1. 要读懂幼儿的体态语

根据格式塔心理学者卡夫卡提出的行为性理论指出，即使地理环境一样，可由于当事人的感觉和认识不一样，行为环境就会显得完全不一样。如果教师对幼儿间或师幼间发生的体态能达到时与境相连、事与境相融的境态，那么读懂孩子的体态是不困难的。幼儿体态语的解析为教师观察幼儿、分析幼儿和采取措施，提供了可靠的依据。教师观察到点，分析到位，措施恰当，也提高了教师正确解读幼儿体态语及进行恰当体态互动的能力。

2. 要发起适宜的体态语

所谓适宜的体态，是指在师幼体态互动中教师依据幼儿的体态对幼儿发起体态的时间和动作都恰到好处，即适时和适态。如果教师在幼儿需要时不及时给予互动，不需要时倒给予不适当的体态，那么对幼儿的发展是极为不利的。

3. 要反省自己的体态语

体态是互动的。我们教师应该以积极的体态与幼儿进行有效的互动。总结出教职工体态语十应十忌。忌：站立与幼儿交流；应：蹲下来与幼儿亲切交流并辅以摸头、摸手、拍背等动作；忌：两手抱臂、叉腰、背手、插口袋、相拢、眼睛斜视幼儿；应：微笑着与幼儿进行眼神交流；等等。

（五）结束语

主持人：教育无小事，时时、处处皆教育。通过今天的活动让我们对幼儿的体态语更了解了，希望教师们能在生活中做到细致观察幼儿，并做到真正有效的介入。

【教研反思】

在轻松愉快的气氛中，教师们集思广益，获益颇深，大家对如何观察幼儿的体态语、及时获取幼儿发出的信号、及时调整自己的教育策略等方面，有了进一步的认识，对自己在工作中如何践行有了更深层次的体会。但真正要把在教研活动中的新观念、新认识内化为自己的教育观念，提升自身教育教学能力，还要靠教师的不断总结与反思。

如何进行区域活动中的观察与指导

【教研背景】

区域活动是教师对幼儿进行观察最直接、最有效的一种方式，也是一种最有效的教育手段，有利于各种能力发展不一致的幼儿在原来的基础上得到相应的提高。根据调查，我园教师在进行区域活动时存在以下三点问题：一是忽视幼儿原有经验；二是对幼儿行为缺乏观察；三是缺乏有效的指导策略。因此，我们以"区域活动中的观察与指导"为教研主题，将研究区域材料作为切入口，引导教师反思区域材料与幼儿的有效互动。

【教研目的】

（1）引导教师关注幼儿原有经验，提高教师在区域活动中观察幼儿与有效运用指导策略的能力。

（2）发挥教师同伴互助的作用，让教师在研究教育实践中发现问题、解决问题。

【教研准备】

（1）主持人观察幼儿操作"叠叠乐"的情况，拍成视频，做好分析准备。

（2）区域材料"叠叠乐"、纸、笔、教研活动课件。

【教研形式】

实践演练、视频再现、对比分析。

【教研对象】

全体教师。

【教研主持】

黄丽芬。

【教研过程】

（一）引出研讨主题

分析现时教师存在的问题和最近发展区。

存在问题：一是忽视幼儿原有经验，二是对幼儿的观察不够，三是缺乏有效的指导策略。

最近发展区：教师对区域材料设置的目标和投放较为熟悉，因此我们决定将研究区域材料作为一个切入口，引导教师反思区域材料与幼儿的互动是否能有效地支持幼儿发展，从而提升教师在区域活动中的观察与指导能力。今天我们研讨的主题是：区域活动中的观察与指导。

（二）以区域材料"叠叠乐"为切入口，启发教师在区域活动中有效观察和指导

1. 亲身体验，提前预设

请教师以级组为单位，亲身体验"叠叠乐"区域材料，然后思考并回答以下两个问题，教师自由阐述的同时鼓励同伴补充表述自身的看法。

问题一：区域材料的教育价值是什么？它能够发展幼儿哪些方面的能力？

（教师讨论与质疑）

主持人：刚才大家说得很多，有社会性方面的合作，有认知方面能力的提升，还有空间知觉、观察、创造性能力发展等等。活动目标是活动开展的依据，教师心中有了清晰的目标，在具体的实施过程中，就容易有的放矢地投放

图1　现场观摩区域活动开展情况

材料，观察幼儿，指导幼儿的活动过程。可见，区域活动目标对于区域活动的实施具有重要意义。

问题二：如果你是大班教师，你预设幼儿在玩时会遇到什么困难？

（教师讨论与质疑）

主持人：刚才教师们都预设了很多幼儿可能遇到的问题，现在咱们看看大二班的教师给这个材料预设了怎样的教学目标？幼儿又是怎样玩的？

2. 对比分析，结合录像再现事实

（1）请大二班的教师说说他预设了哪些方面的教学目标。

① 当班教师讲述"叠叠乐"操作目标。

② 看录像1。（介绍新材料1）

③ 提问：你认为教师这样介绍新材料合适吗？为什么？

（教师讨论与质疑）

主持人：大家对徐老师介绍新材料的方式各有不同的看法，也提供了不同的建议，也许我们能从幼儿的反应当中悟出一定的道理。

（2）片段一：当幼儿没按要求玩的时候，教师应该怎样做。

① 看录像2。（一个幼儿拿到新的材料，打量了一下，然后又放回原处，再拿出已经玩过的旧材料操作，该幼儿没有按教师的要求玩新材料）

② 看录像3。（有的幼儿不仅不与别人合作，自己玩自己的，而且停留在已有经验搭房子、玩骨牌上，没有按叠叠乐的玩法做）

③ 提问：为什么那个女孩不玩新材料？为什么其他几个幼儿不按要求玩，也不与别人合作呢？

（教师讨论与质疑）

主持人：刚才教师说到了他们没按要求玩的原因可能是跟幼儿的个性特点、已有经验、幼儿的兴趣、又或者是跟教师介绍新材料的方式有关。那么，这个时候教师应不应该介入指导？如果教师要介入指导，又在什么时候介入合适？

（当教师观点相反时，可让教师分正反方辩论）

（教师讨论与质疑）

主持人：如果从满足幼儿情感需要的角度考虑，教师可以不介入；如果从实现这份新材料的教育价值的角度考虑，则教师需要介入，也可以在满足幼儿一定情感需要后再介入。那我们现在来看看教师又是怎么做的。

④ 看录像4。（片段一的教师指导方式）

提问：你认为教师的指导方式合适吗？你还有其他更好的方法吗？

（教师讨论与质疑）

主持人：当教师认为有指导的必要或幼儿需要教师参与时，教师可扮演一个角色（或幼儿的合作伙伴）进入幼儿游戏，通过教师与幼儿、角色与角色之间的互动，发挥着指导幼儿游戏的作用，这是一种交叉式的介入方法。刚才教师运用交叉式介入法进行介入，和那个女孩一起玩游戏，消除了女孩怕困难的恐惧心理，为幼儿的大胆尝试搭建了阶梯，然后过渡到与旁边的幼儿合作，因此达到了如期的目的。对于其他几个幼儿来说，教师的这一举动起着暗示的指导作用，这种方式叫作平行式介入法。也就是当幼儿只喜欢某一种游戏或对新出现的玩具材料不感兴趣、不会或不喜欢时，教师可以在幼儿的附近，和幼儿玩相同或不同材料的游戏，以引起幼儿模仿，起着暗示的指导作用。

（3）片段二：当幼儿产生意见不合的时候，教师应该怎样做。

① 看录像5。（起初，两个幼儿一起合作玩叠叠乐，但过了一会，其中一个幼儿觉得没什么兴趣，因为老是另外一个幼儿做主，于是又自己一个人玩了，变成各玩各的）

提问：你认为是什么原因导致他们从合作到不合作了呢？

主持人：由于每个幼儿的认知水平、兴趣与经验都不一样，他们在合作中要找到平衡点，也就是找到合作的方法。那么怎样才能够找到更好的合作方法呢？教师应该怎样帮助他们呢？（主持人可扮演幼儿的角色与教师进行互动）

主持人：大家都想出不同的解决办法，现在我们来看看徐老师又是怎么做的？

② 看录像6。（片段二的教师指导方式）

提问：徐老师用了一种怎样的方式帮助他们？你认为这方法好吗？

主持人：对能力特别强或特别弱的幼儿，应留意他们活动的动机、目标和困难，在适当的时候提出建议，以便帮助他们完成任务。这种教师以现实的身份直接进入游戏，对幼儿的行为进行直接干预的方法称为垂直式介入法。但要强调的是这种垂直式的介入法不宜多用，因为它很容易破坏幼儿游戏的气氛，而且大班幼儿在理解分析问题上都有一定的逻辑思维能力及分析判断问题的能力，因此教师抛给幼儿们的指导语要趋于理性。

（4）片段三：当幼儿出现困难的时候，教师应该怎样做。

① 看录像7。（两个幼儿懂得相互合作，但玩的方法仍然局限在已有经验

上，没有尝试新的玩法）

提问：为什么他们没有尝试新的玩法呢？（主持人可有目的地请较少发言的教师发言）

主持人：大家都提到了很多可能的原因，如跟教师介绍新材料方式、幼儿的注意力不集中、材料的适应性问题等等，那么，这时候教师应该怎么做呢？

（教师讨论与质疑）

主持人：现在我们来看看徐老师的做法又是怎样的？

②看录像8。（片段三的教师指导方式）

主持人：录像中我们没有看到老师的出现，我想请问徐老师你到哪里去了？

请徐老师说说自己当时的做法和意图。

提问：徐老师的做法给你带来了什么启示呢？

（教师讨论与质疑）

主持人：这给我们带来了这样的一个信息，教师要选一个能全面观察幼儿的位置，还要了解幼儿的已有经验和能力，不能急于求成，要学会观察等待，有时幼儿的自我发现和互相学习比教师的外部干预更有作用。

（5）片段四：当幼儿通过努力而未能成功的时候，教师应该怎样做。

看录像9。（两个幼儿懂得相互合作，也很认真和细心地看盒子上的图示和说明，但还没能理解积木要一层一层往相反方向排列）

提问：为什么幼儿看了图示和说明，还是不会搭？

主持人：刚才大家分析了很多种原因，有的教师说由于图不清晰，有的教师说可能幼儿原有经验问题不足，等等。针对这个问题，如果你遇到了，你会怎么做？除了"我跟他一起玩"，"直接告诉他去帮他解决这个问题"，"在旁边做个示范"之外，还有没有其他方法？

主持人：根据幼儿与材料、幼儿与同伴互动的情况来看，教师们都关注到材料的适应性问题和幼儿的最近发展区问题。我们再来看看徐老师做了哪些调整。

（6）片段五：调整策略后，教师应该怎样做。

①看录像10。（调整策略后的新材料介绍过程更详细地描述了叠叠乐的具体玩法）

②看录像11。（针对幼儿看了图示仍不理解的问题，教师制作了更清晰易

懂的图示，帮助有需要的幼儿理解游戏的玩法）

③ 看录像12。（调整策略后，有的幼儿能很顺利地开展叠叠乐的游戏，感受了成功的喜悦）

主持人：大家可以看到，做了调整之后，幼儿不会看图的问题得到了改善，也有更多的幼儿感受了成功的喜悦。现在请徐老师说说为什么要做这样的调整。

（三）总结与提升

主持人：今天我们把区域活动中其中一种材料作为一个视点，进行了详细的剖析，那么在今天的研讨中你领悟到了什么呢？（请教师们用一句话说说自己的体会）

主持人：刚才听完大家的发言之后，我有如下感觉：平时，教师在观察和指导的过程中只关注幼儿是否安静、专注地操作材料，而很少关注同一样材料对不同的幼儿产生的不同效果，而且不同效果的背后还隐藏着不同原因。今天我们认识到区域活动是幼儿自主参与的，这个过程肯定会遇到各种各样的困难，有时候幼儿没法顺利地进行下去，就需要教师给予支持和帮助。教师怎么支持幼儿呢？

图2　教研活动分享

第一，教师要观察幼儿、开发幼儿的最近发展区。观察幼儿什么？观察幼儿的原有经验。教师为何要观察幼儿的原有经验？因为可以体现幼儿个体差异。幼儿个体之间有什么差异？有能力水平、性格特点、学习方式等差异，因此幼儿需求也可能不一样。教师通过观察还可以了解哪些材料适宜，哪些材料需要调整，幼儿与材料互动情况，等等。教师在观察中要耐心等待，允许幼儿出错。教师只有静心观察、耐心等待，才有可能掌握幼儿的情况，做到适时介入指导。在实践中，"急"是教师在指导过程中普遍存在的心态，教师急着告诉幼儿该如何操作与表达，急着告诉幼儿避免错误的捷径，等等，在这种状态下，幼儿思考的机会被剥夺了，他们的发展也受到影响。对于区域活动的观察策略，我们做了这样的梳理。

表1 区域活动中教师的观察策略表

观察的前提	幼儿的原有经验（相关领域学习的发展进程与阶段特点） 幼儿的个体差异（能力水平、个性特点、学习方式）
观察的内容	幼儿与材料的互动情况 幼儿与同伴的互动情况
观察的窍门	静心观察（客观分析幼儿行为背后的原因） 耐心等待（等待幼儿自我发现、等待介入的时机）

  教师在指导过程中，要把握时机、方式和方法。幼儿请求帮助时、幼儿开始灰心时、幼儿在关键一步徘徊时等等，需要教师的适时介入。教师有时要采用"预操作"的方法，即教师提前操作新材料，可预判幼儿在操作过程中可能会遇到的困难，做到心中有数。以鼓励幼儿主动学习为原则，教师从观察中了解幼儿，通过提供适宜的材料、提出有针对性的问题、教育情境暗示等方法，搭建幼儿主动学习的有效支架。

表2 区域活动中教师介入指导的策略表

介入指导的 最佳时机	当"认知结"出现时
	当积极等待仍没有结果时
	当幼儿把球抛向教师时
	当幼儿矛盾激烈时
	当险情即将出现时
介入指导的 方式、方法	平行式的介入法（榜样法、生生互动）
	交叉式的介入法（情景介入、师生合作）
	垂直式的介入法（语言启发、材料介入）

  总之，指导不是巡逻、检查，也不是指示或指令。教师切忌过多介入和干预幼儿活动。教师要通过观察幼儿与材料、幼儿与同伴互动的情况，适时地运用恰当的方法介入指导，时刻做到"心里有目标，眼里有幼儿，手中有重点"，这样才能够更好地调动幼儿参与积极性和探索的欲望，使幼儿在区域活动中真正的得以发展。

【教研反思】

在区域材料投放过程中，教师先亲身操作区域材料"叠叠乐"，把握教育价值，预判幼儿会遇到的难点，做有准备的支持。通过视频再现事实的方式，可不断调整教师对幼儿的关注，有助于了解幼儿的个体差异，便于教师因材施教；通过质疑可以帮助教师思考与反思；细致的观察、客观的分析是有效指导的前提，梳理区域活动中教师有效指导的策略，能提高教师观察幼儿与运用指导策略的能力。

如何在幼儿探索活动中进行观察与指导

【教研背景】

《幼儿园教育指导纲要（试行）》指出："幼儿园教育应尊重幼儿的人格和权利，尊重幼儿身心发展的规律和学习特点，以游戏为基本活动，保教并重，关注个别差异，促进每个幼儿富有个性的发展。"在探索活动过程中，教师常有以下困惑：教学活动的知识点是否清晰？教师在表达中所采用的手段是否适宜？我们应从"困惑"中提炼"反思"的精华，对幼儿的行为给予正确、有效的指导，以提高观察能力，提升教研水平。

【教研目标】

（1）通过案例讨论让教师了解不同的指导策略对幼儿发展的影响，帮助教师构建积极有效的指导策略。

（2）为教师搭建交流、探讨、分享的平台，发挥集体教研智慧。

【教研准备】

1. 知识准备

收集发现幼儿的困惑的案例、指导幼儿行为发展的相关资料。

2. 物质准备

投影仪、视频、图片、黑板、纸张、油性笔、篮子、纸团。

【教研形式】

案例分析。

【教研对象】

教研组成员。

【教研主持】

朱缘缘。

【教研过程】

（一）导入

1. 热身游戏：你抛我接

游戏规则：每组派出两个代表，一人负责抛球，一人负责接球，在1分钟时间内，谁投进篮子里的球多，谁就赢。

2. 回顾

主持人：开学初我们制订的教研主题是幼儿探索活动的观察与指导。各班教师也根据主题设计了适合本班的活动内容，今天我们齐聚一堂，请大家把您认为好的意见和建议提出来，以便我们在今后的工作中更好地改进和实践。

（二）交流

1. 讨论问题

问题一：如何判断哪些行为是幼儿的探索行为？

图1　教师积极发言

主持人小结：对幼儿而言，探索就是玩，而玩是幼儿的天性，掌握幼儿的天性，就是把握他们兴趣的根源。幼儿认识事物大多依赖于直接经验，通过摸、看、闻、尝、听、抓、举等行为进行探究。幼儿通过摆弄实物来发现问题，并根据已有经验，运用初步的逻辑推理，来假设可能的情况、可能的结果和将要发生的事情。

问题二：如何判断幼儿探索行为的价值？哪些探索行为可以引发幼儿的探索型主题活动？什么是探索型主题活动？

主持人小结：探索型主题活动是指围绕一个主题，可以是教师预设的，也可以是幼儿生成的，而展开的以幼儿的自主探索、自由表达、合作交流、质疑解惑为过程的活动。这是一种低结构、高开放、重过程的活动，兼有自主性、综合性、开放性、生成性和游戏性的特点。

2. 案例分析

案例1：

今天黄老师跟小朋友一起进行一个大班美术活动《可爱的小动物》，只见程程在纸上画了许多小动物，还画了蘑菇、大树、小河、房子等，将画面绘画得很丰富；秉义画得很马虎，纸上只有两只形态相似的小白兔和小乌龟，颜色也涂得不像样。黄教师拿起程程的画说："小朋友们，你们看！程程的画可真漂亮呀，你们都要像她一样画得认真。"活动结束了，教师请小朋友把画交到婧婧那里，婧婧收到程程和秉义的画时，说："秉义的画可真丑，程程比你画得漂亮多了，我才不收你的画呢！"秉义不好意思地把自己的画偷偷放到书包里。

要求：请教师根据以上案例，探讨如何对幼儿进行探索的指导策略。

主持人小结：①找出闪光点；②找出鼓励点；③找出分享点；④找出原因点；⑤找出表达点。

案例2：

本月中班开展的主题活动是《出生的秘密》，其中有一张调查表需要请小朋友和爸爸妈妈共同完成。张老师在阅读交回来的调查表中发现，黄广源调查表里回答的第一个问题是：鸡妈妈会生个什么样的宝宝呢？在他的回答那里，他画上了鸡蛋宝宝。第二个问题是：鸡宝宝是从哪里来的呢？在他的回答那里，他画了一块大石头。张老师问黄广源："这是为什么呢？"他说："孙悟空也是从大石头里飞出来的呀！"

问题一：如果您是张老师，面对幼儿的错误认识，您将如何做？

主持人小结：①直接告诉幼儿；②间接告诉幼儿；③让幼儿收集信息；④教师引导验证；⑤鼓励幼儿探究发现。

问题二：对幼儿的探索行为，教师应如何进行适宜的指导？

要求：请每组教师先分析问题，再根据修改进行案例重演。

引导教师在新的认识基础上，思考适合幼儿主动学习的教育策略，通过思想的交锋、观念的碰撞，教师达成共识。

主持人小结：教师要做生活中的有心人，感知、捕捉幼儿生活中的变化，关注幼儿的需求，并善于针对幼儿不同的需求、经验水平，选择把握指导的时机，适时、适宜、适度地进行指导，以促进幼儿的发展。

图2　各组教师代表分享教育策略

【教研反思】

通过本次教研活动，教师在相互启发中形成了不同观点，能够从"困惑""思考"中寻找解决问题的方法，切实得到了成长。但教师们在理论上还是比较薄弱和欠缺的，希望在探索研究中，在提升教研能力和水平的同时，让教育资源得到共享。在实践操作中，教师应该成为一个观察者，去感受、发现幼儿的行为变化，并及时加以指导。

关于习惯培养的现场教研

习惯是一种顽强而巨大的力量，

它可以主宰人生。

因此人自幼就应通过完美的教育，

去建立一种好的习惯。

——英国哲学家 培 根

第五章 研——生活常规

如何建立孩子的秩序感

【教研背景】

我园有机结合蒙氏教育的理念，对"如何建立孩子的秩序感"这一话题进行探讨，设计本次研讨活动。通过"秩序感"这个切入点，教师们进行探讨与交流，希望教师们在建立孩子秩序感这个问题上受到一定的启发，更希望教师们在活动中进行思维的碰撞，产生闪耀的教育智慧火花。

【教研目的】

（1）围绕"如何运用有效的方式方法培养孩子的秩序感"这一话题进行研讨，梳理一些行之有效的教育策略。

（2）搭建充分讨论和交流的平台，让教师们的实践经验得到更好的归纳、总结和运用，促进教师的专业成长。

【教研准备】

1. 经验准备

教师储备相关理论资料和对建立孩子的秩序感有一定帮助的实践经验。

2. 物质准备

电脑、教研活动课件、电视机、麦克风、视频录像一（明明的房间一片狼藉）、视频录像二（明明在幼儿园玩玩具，玩具满地都是）、视频录像三（孩子不按页码看书）。

【教研形式】

录像会诊、案例分析。

【教研对象】

各班班主任。

【教研主持】

谭玲。

【教研过程】

（一）游戏引入，抛出主题

主持人：通过对蒙特梭利教育思想的学习，我们认识到教育的最终目的就是让孩子的行为和思想趋于正常，使教育呈现全面性的秩序化，使孩子成为一个具有自我统御能力、有自信心、诚实、品质优良、富于正义感、拥有自发性纪律、懂礼貌的孩子。教师如何才能更好地培养孩子的秩序感呢?

1. 游戏：看谁会摆好椅子

主持人：为了检验各位老师的秩序感，我们一起来玩一个游戏。请老师们离开您的座位，往后走两步站好不动，请李老师帮忙检查并记录有多少位老师能在离开位置后主动把椅子摆整齐。

主持人：好！请老师们回到您的座位上！从刚才游戏中得到的数据可以看出，有部分老师的秩序感还有待提高；同时侧面反映了幼儿期的孩子也存在需要加强秩序感的问题。接下来，请大家看以下几个片段。

2. 播放录像

画面一——妈妈喊："明明！上学了，快起床啦！"明明急忙起床，到处找衣服、袜子和书本等物品，房间里一片狼藉。

画面二——明明在幼儿园里玩玩具，玩具随处扔，到处都是乱七八糟的。老师说："明明！玩具要收拾好……"

画面三——教师教孩子看书。看书的顺序是从第一页看到最后一页，可是，明明是从最后一页往前看的。

提问：我们从孩子的日常生活、学习和游戏中提取三个画面作为切入点，请大家思考"孩子的主要问题是什么"。

教师们回答：缺乏秩序感、生活习惯差、自理能力差……

主持人：孩子的主要问题是缺乏秩序感。"秩序感"的概念是什么？请大家看PPT。

图1　教师们认真观看案例视频

秩序感是指对物体摆放的空间或生活起居习惯的时间顺序的适应性。0—4岁是幼儿秩序感发展的敏感时期，在这期间注重幼儿秩序感的培养，对幼儿的成长，甚至是一生都有极大的帮助。

（二）录像分析，积极探讨

问题1：缺乏秩序感会给孩子带来怎样的后果呢？

教师回答：孩子缺乏秩序感容易出现生活没有规律、做事没有头绪等问题。

……

主持人：大家分析得都很有道理。

问题2：造成孩子缺乏秩序感的原因是什么？

教师回答：造成孩子缺乏秩序感的原因有家庭教育、生活习惯、文化修养、孩子的性格特征和幼儿园的教育等等。

小结：教师们从家庭教育、生活习惯、文化修养、孩子的性格特征以及幼儿园的教育等方面非常全面地说出孩子缺乏秩序感的症结，点中要害，分析到位。从某种程度上来讲，环境决定了生命的发展方向。

问题3：如何在环境中培养孩子的秩序感呢？

李水成老师：我来谈谈我的观点。首先要说的是环境的作用，儿童的潜能是在环境的刺激、帮助下发展起来的，是个体与环境之间相互作用的结果。蒙氏强调"有准备的环境"是使成人的世界成为适合孩子发展的"桥梁"。

学习的环境对于孩子来说是非常重要的。创设一个好的环境，一定是要适合孩子成长，让孩子在此环境中相互适应而自我教育。蒙特梭利教育的最大特点就是对环境的重视。它包括必须按孩子的尺寸订制的家具、小书桌、漂亮的窗帘及小橱柜，小橱柜可以摆放各式各样的教具、教材，孩子可以随意取用。蒙特梭利教育对于环境的要求如此高，它最终的目的是通过环境的熏陶和影响，让孩子从小形成良好的秩序感。

问题4：怎样才是一个有准备的环境？

林立慧老师：有准备的"环境"主要是为孩子提供可动手操作的工作材料、可观看欣赏文字的视觉图画，还有提供听觉、味觉和嗅觉的刺激等等。

主持人：通过有"准备"的环境对孩子进行触觉、视觉、听觉、味觉和嗅觉干预，从而达到感官的刺激。

图2　小组进行研讨记录

陈秀文老师：首先，蒙特梭利教育对环境要求的标准有以下几点：

（1）必须是有规律、有秩序的生活环境。

（2）教具美观、实用、对幼儿有吸引力。

（3）让幼儿独立自由地活动。

（4）能为孩子提供感官训练的教材或教具，能促进孩子智力发展，可以让孩子独立地活动，自然地表现，并意识到自己的力量。

（5）能引导孩子形成一定的行为规范。就像我园的蒙特梭利工作室为孩子提供有准备的"环境"以进行各种感官的训练与刺激，每一种教具的排列都并并有条。知识在于积累，孩子的生活经验也需要在每一天的实践中积累起来。

其次，蒙特梭利的教室环境中有六个主要的构成因素，分别是：

（1）自由的观念。（开放性、活动自由）

（2）真实与自然。

（3）结构与秩序。（教具按内容兴趣分类、排列由易到难，教具放置有序、完好、工作时无干扰）

（4）美感与气氛。

（5）蒙特梭利教具。

（6）社会生活的发展。

主持人：大家从环境的准备、作用、标准、构成要素等方面阐述了环境对孩子的影响，得出的观点是秩序的培养应从环境创设中着手，形成外在秩序向自省、内化的秩序逐步发展。

问题5：家长在家庭中如何介入孩子的环境中去教育并培养孩子的秩序感呢？

卢格媚老师：家庭中孩子的秩序感培养一直是家长们苦恼的问题，例如：

（1）孩子会突然无缘由地变得十分烦躁，无论成人怎么安慰哄劝都没有作用。

（2）孩子经常丢三落四，做事没头没脑，说话缺乏条理。

这些都是孩子在家里没有养成好习惯的表现。秩序既是自然界造化的和谐美，又是人类社会文明的基础，孩子的秩序感是天人合一的自然发展结果。如果孩子经常感受井然有序的家庭环境，和和睦睦的人际氛围，那么孩子就容易形成追求文明、讲规则的美好心理。所以，从孩子出生以后，父母就要为孩子提供整洁、有序、规律的生活环境，为孩子的心灵铺上一层最佳底色。

主持人：我喜欢为孩子留下整洁、有序、文明的第一印象。大家还有不同的想法吗？

何佩仪老师：我很赞同卢老师的观点。应在孩子产生秩序感的第一时间培养他的规则意识，因为秩序感一旦形成，会让人产生身心愉悦的美感。父母要在孩子产生秩序感的第一时间培养其一系列良好的行为习惯，帮助其形成良好的自我形象。例如，进门就换拖鞋，上床、上沙发要脱鞋，吃饭要端坐在自己的位子上；每个玩具放在固定的位置，纸屑垃圾放在垃圾箱里；等等。第一时间的教育只需一两句话就奏效，否则，孩子接纳了杂乱无章的"秩序"，那么再费九牛二虎之力也未必能纠正孩子的坏习惯。

主持人：正所谓没有规矩不成方圆，从幼儿时期开始就要有目的地培养孩子的规则意识。

李水成老师：我认为还不够，孩子的秩序感培养还可以灵活变通。多纳塔·艾申波茜博士在其名著《小脑袋，大世界》中有一个观点："能与持有不同整洁观的人共同生活也是一种生存能力。"这就说明不管是孩子还是成人，成熟的秩序感需要一定的灵活与变通性。如果不分场合地把自己的秩序观强加在别人身上，秩序的和谐美就会大打折扣。如果父母意识不到孩子秩序感的刻板性，就可能事事顺着孩子，使他形成任性、执拗的个性。因此，父母要多带孩子出去走走，感受不同环境中的人与物，帮助孩子认识别人的"秩序"和自己的"秩序"可以不同，使他学会把"自我"与"他人"区别开来。从观察中发现，生活在家庭成员比较多的家庭的孩子喜欢跟人打交道，孩子的性情也比较随和，这与他们常常接触不同事物和人物的"秩序"有很大关系。

主持人：任何事物都会"变"，而任何事物都有发展演变的过程。秩序也不能一板一眼，要体现"秩序"的灵活与变通性。

问题6：家长培养孩子的秩序感还需要在哪方面下功夫？

王志环老师：首先，作为家庭中的一员，孩子既应该享受权利，又应承担一定的家庭责任，承担一定数量的家务劳动。父母可通过鼓励、期望、引导等方式，督促孩子履行职责，培养其责任心。如果一个孩子在家庭层次的责任心难以确立，那么将来他走上社会后就难以具备对社会的责任心。孩子天生喜欢自己动手归置物品，但由于孩子的身心发育有限，常常心有余而力不足，甚至出现南辕北辙的效果。例如：孩子想帮忙收拾碗筷，却把饭菜洒了满桌；想帮忙擦地，却把地面搞得更脏；想收拾玩具，却让玩具分了家。这时，父母不要觉得孩子"碍事"或"笨手笨脚"，只要他自己愿意做，就让他做，哪怕事后你还得重新收拾整理。

其次，父母为孩子进行正确的示范。孩子由于经验不足可能做得不恰当，父母可示范其中的关键环节，以便孩子模仿，其他环节则启发孩子自己动脑筋，他想得慢也不要着急，做得不对也没有关系，给孩子留出一定的时间进行思考，让其大胆尝试一下，孩子的能力就会渐渐提高。

主持人：关于家长教育孩子培养秩序感的策略有以下共识：①为孩子留下整洁、有序、文明的第一印象；②第一时间培养孩子的规则意识；③培养孩子灵活变通的性情；④耐心培养孩子归置物品的技能；⑤为孩子进行正确的示范。

【教研反思】

这次的教研活动，全体教师能积极参与，围绕主题运用工作经验各抒己见，教研中积极讨论，有碰撞、有互动、有思考，并达成以下共识。

观点一：秩序感的培养可从环境创设中着手，由外在秩序向自省、内化的秩序逐步发展。

观点二：秩序感的培养应因人、物、环境的不同而相应体现出本土化与多元化。

观点三：秩序感的培养是师幼关系、亲子关系与社会关系的结合体，应体现和谐性与互助性。

如何培养幼儿的行为习惯

【教研背景】

我园结合《幼儿礼仪6+1》一书开展了行为习惯教育实践活动；同时，针对在培养幼儿行为习惯的过程中，我们应侧重于培养幼儿的规则意识，还是侧重于尊重幼儿的个性自由发展和应采用什么样的教育策略，在两者间有效地平衡等问题，对"幼儿行为习惯培养的教育策略"这一主题进行研讨，为教师们提供探讨、交流的平台，促进幼儿行为习惯的培养。

【教研目的】

（1）通过启发性争论、小组式交流、实践性课例研讨等教研模式，解决教师在幼儿行为习惯培养中的教育困惑，提升教育策略。

（2）搭建交流、反思平台，营造自主、轻松的教研氛围。

【教研准备】

1. 知识准备

（1）收集相关幼儿行为的案例，主持人做好案例分析准备。

（2）收集教师在日常生活中培养幼儿行为习惯的问题，主持人预先归纳、挑选几个具有代表性的问题。

2. 物质准备

黑板、油性笔、卡纸。

【教研形式】

案例分析、圆桌式发言、辩论。

【教研对象】

园内全体教师。

【教研主持】

潘绮玲。

【教研过程】

（一）案例分析，启发思考

出示案例一：

杰杰在倒爬滑梯，正好与从滑梯上方滑下来的丁丁撞在一起，丁丁告诉了老师，教师严肃地对杰杰说："倒爬滑梯很危险，以后不可以这样了。"杰杰点点头，到别处去玩了。可时常还有孩子偷偷地倒爬滑梯，当他们发现教师的注视时，就会溜到别处去玩。

1. 案例分析

（1）主持人提问：当你遇到这种情况时，你会怎么做？

（2）采用圆桌式发言，教师轮流说出自己的做法。

A教师：我会像案例中的教师一样，先制止该幼儿的行为，防止意外事故发生，再对其进行说明教育。

图1　共同研讨，启发思考

B教师：我会立刻停止此活动，集中全班小朋友，和全班幼儿讨论该如何正确玩滑梯。

C教师：我先不采取制止方式，而是观察孩子这样玩滑梯的动机。

……

（3）主持人小结：根据教师讲述的做法，提炼两种教育方式。

方式一：先制止，定规则；方式二：先观察，尊重幼儿自主性。

（设计意图：本环节以列举真实的教育案例为切入口，启发教师从自身思考，从实践反思，各抒己见，自觉融入教研氛围。）

2. 分享交流

（1）主持人提问：请你说出这样做的原因。

（2）组内讨论，提炼本组观点，记录人做好记录。

（3）组长总结本组意见，记录人记录。（组内记录人将小组内的观点以简洁明了的方式，记录在卡纸上）

（4）各组成员整理观点，进行交流分享。

图2　结合实际，说出观点

表1　小组现场教研记录表

小组一	原　因
先制止，定规则	① 杰杰玩滑梯的玩法是错误的，不制止会纵容更多幼儿模仿
	② 不正确的玩滑梯方式容易发生安全事故
	③ 明确玩法，让幼儿明白规则的意义，学会遵守规则
	④ 确定规则，活动才能达到预期效果
	⑤ 适时根据幼儿参与的情况，调整规则，尊重幼儿的兴趣爱好
小组二	**原　因**
先观察，尊重幼儿自主性	① 常规的滑梯玩法已满足不了杰杰，倒爬滑梯让杰杰得到更大的满足
	② 幼儿的行为背后隐藏其真实想法，教师要善于观察然后再介入
	③ 教师在活动中是幼儿的观察者、支持者、引导者
	④ 教师不可一刀切断幼儿的行为，如超出安全范围，可与幼儿协商制定相应规则

3. 主持人小结

行为习惯培养的关键在于潜在规则意识的培养。

（设计意图：在开始部分，圆桌式的发言让每位教师都有了说的机会，而此环节采用参与式研讨，根据之前提炼的两种教育方式进行组队，有利于构建学习共同体，营造与同伴交流、分享的学习氛围。）

（二）明确观点，理论提升

出示案例二：

花花和玲玲在干什么？怎么把两个大大的轮胎滚到滑梯上了呢？我正想制

止她们，可已经来不及了，两个轮胎同时从滑梯上滚了下来。玲玲高兴地叫了起来："我的轮胎滚得快！"原来她们是在比赛。

（1）提出问题：结合案例谈谈我们在开展幼儿行为习惯培养过程中应以培养幼儿规则意识为重，还是以尊重幼儿个性发展为重？为什么？

（2）组内成员先讨论，再进行正反方辩论环节。

（3）用黑板展示双方的观点。

（4）分享集体智慧。

图3　代表发言，体现集体的智慧

表2　正方观点记录表

正　方	观　点
应以培养幼儿规则意识为重	① 良好的游戏规则，可防止幼儿意外事故的发生
	② 培养规则意识，有助于幼儿社会性的发展
	③ 规则可以帮助幼儿控制情绪，自我约束
	④ 良好的行为规则能维护良好的班级常规
正方小结	在开展幼儿行为习惯培养的过程中，应以培养幼儿规则意识为重。但制定规则并不代表一定要求幼儿在每个活动中都按规则活动，规则是可以随着幼儿的兴趣、性格而灵活变化的

表3 反方观点记录表

反 方	观 点
应以尊重幼儿个性发展为重	① 在活动中，教师的角色应是观察者、引导者和支持者
	② 在幼儿个性发展的背后，隐藏着幼儿的活动动机
	③ 幼儿的自主活动，更体现幼儿对该活动的心理特点与掌握能力，有助于教师活动后的反思
	④ 教师只有尊重幼儿的活动兴趣、个体发展，才能调动幼儿参与活动的主动性、积极性
	⑤ 尊重幼儿个性发展，可以促进幼儿身心健康的良好发展
反方小结	在开展幼儿行为习惯培养的过程中，应以尊重幼儿个性发展为主，但并不代表是在教育教学中放任幼儿、撒手不管。教师应善于观察，针对幼儿的表现适时、果断地决策，如果偏离教师的教育目的，可与幼儿商讨、制定游戏规则

（5）主持人小结。

主持人：开展幼儿行为习惯培养过程中既要培养幼儿规则意识，又要兼顾幼儿个性的发展，在不断实践中取得平衡。

（设计意图：经过两轮的交流、研讨，教师们更明确自身观点，然后采用辩论形式，确定对立观点，提升研讨质量，碰撞智慧火花。）

（三）解决困惑，为教铺路

（1）针对现阶段在实行"幼儿行为的习惯培养"过程中，教师关于教育策略方面的困惑进行交流、讨论。

（活动前分别归纳和精选5个有代表性的关于行为习惯教育策略的问题）

问题1：在既不限制幼儿发展，又尊重幼儿自主性的情况下，教师怎样介入才是有效的？

问题2：开展活动前，先让幼儿自主探索，还是先明确要求呢？

问题3：如何看待幼儿的犯错行为？

问题4：在幼儿行为习惯培养中，如何有针对性地评价幼儿的行为？

问题5：在幼儿行为习惯教育中，是培养幼儿的习惯为先，还是发展幼儿的情感为先？

（2）分组交流讨论。

各组抽一个问题，进行深入讨论。（主持人分别参与到各组中）

（3）主持人归纳、总结。

在幼儿行为习惯培养的教育问题上，我们不能再停留在以往惯有的强压式、管束式的行为习惯教育培养手段上，我们应不断探索有效的行为习惯培养新策略，如善于观察、适时介入指导、更注重潜在规则的渗透等等，这样，行为习惯的培养才能真正赶上现代教育观念更新的步伐。

（设计意图：将理论结合实际，让教师在生活中学会发现问题，解决问题，拓展教师在日常生活中培养幼儿行为习惯的新思路。）

（四）反思不足，及时调整

（1）教师根据自身的实践，反思自己在日常教育教学中对培养幼儿行为习惯的做法。

（2）选取优秀的案例，以传阅、公布等形式，达到借鉴、学习的效果。

（设计意图：经过多环节、多形式的交流与研讨，让教师把工作中遇到的真实事例进行记录反思，把反思推向高潮，养成随时反思的习惯，更好地提升自身教育能力。）

（五）延伸活动 不断提升

（1）教师根据自己的感悟，分别撰写一篇关于"幼儿行为习惯教育培养策略"的案例。

（2）以级组为单位，开展幼儿行为习惯培养的课例研讨与幼儿实践活动。

① 各教师分别自选一节"礼仪行为教育"的课例（课例交流，理论转实践）。

② 各级组分别举办一场"幼儿自理能力大赛"（活动开展，反思教育）。

（3）活动后，相关人员进行交流、研讨、反思。

（设计意图：通过开展课例研讨与活动实践，将幼儿行为习惯培养落实到工作中，将理论知识化为实践动力，提升园内教师对于幼儿行为习惯培养的整体水平。）

【教研反思】

教研是研究、学习的阵地,是提高教师专业素养最直接、最有效的园本培训方法之一。本次教研把教师在工作中遇到的真实问题作为研究内容,让教师在思考中同频共振,产生思维的碰撞,通过圆桌式发言、辩论等环节以问促思,引领教师们畅所欲言,在边思考、边议论、边归纳的过程中使模糊的观点变得更清晰,逐步调整已有的教育观念,达到了本次教研的研讨目的。

如何转变有特殊行为的孩子

【教研背景】

《幼儿园教育指导纲要（试行）》指出"幼儿园的教育是为所有在园幼儿的健康成长服务的，要为每一个儿童，包括有特殊需要的儿童提供积极的支持和帮助。"结合我园实际，针对特殊行为问题孩子带来的困惑，开展以"幼儿园教师教育策略"为主题的园本教研活动，帮助教师寻找解决转变特殊行为问题孩子的对策，从而不断提升教师的教育智慧。

【教研目的】

（1）根据特殊行为问题孩子的成因展开转变其教育对策的研讨。

（2）通过研讨活动引起教师对特殊行为问题孩子的高度关注，帮助教师在案例分析中捕捉孩子身上的闪光点，从而找到有效的教育策略，不断提升教师的专业素质。

【教研准备】

1. 知识准备

教师自行学习《幼儿园教育指导纲要（试行）》等理论知识。

2. 经验准备

收集特殊行为问题儿童的案例，主持人做好案例的分析准备。

3. 物质准备

绳子、纸筒、小凳子、眼罩。

【教研形式】

案例分析。

【教研对象】

主班教师、各年级骨干教师。

【教研主持】

吴意芬、崔健英。

【教研过程】

（一）导入活动：开展互动游戏"盲人"，引发教师讨论思考

1. 教师参与游戏"盲人"

游戏规则：教师二人为一组参与游戏，一人为"盲人"，另一人为引路人。第一次游戏由引路人用语言和肢体语言进行提示，帮助"盲人"成功跨越障碍到达终点。第二次游戏则只能用语言提示帮助"盲人"成功跨越障碍到达终点。

2. 参与式讨论

教师结合互动游戏的情况，谈谈自己的感受。

3. 主持人小结

教师就好比引路人，在教育孩子的过程中需要因材施教。而面对有特殊行为问题的孩子，教师更需要采取有针对性的教育方法，提供积极的支持和帮助，促进他们快乐、健康的成长，使其富有个性的发展。

（二）交流活动：分析特殊行为问题孩子的成因

1. 出示案例

案例内容：威威是个有着行为问题的孩子，经常有小朋友告状："老师，威威咬我了！""老师，威威打人了""威威用脚踹我了"。有许多的家长对老师提出要求，"别让我们的孩子和威威在一起玩！""我们的孩子不能和威威坐在一起！""威威不能睡在我的孩子旁边！"

2. 小组第一次互动研讨

分析特殊行为问题孩子的成因？

（1）各小组的教师把自己的想法说出来与大家一起分享。

① 家长对孩子过多保护，使孩子任性、不能自我约束。有的家长溺爱孩子，任意迁就孩子，一味地从物质、行为上满足孩子的要求，致使孩子不能自我约束，产生任性、蛮横的行为。

② 生活节奏的加快，使父母陪伴孩子的时间变少。父母忙于工作，亲子活动的时间少，这对孩子的身心发展产生不利影响。有的家长经常挫伤孩子的自尊心；有的家长很少和孩子进行情感交流，使孩子感受不到家的温暖，从而产生自卑和敌对情绪。

图1　小组交流研讨

③ 教师的教育思想陈旧，不重视孩子出现的行为问题。对于孩子出现的行为问题，有的教师并不觉得是问题，甚至认为随着年龄的增长，问题行为会自然消失；有的教师则把这种行为简单地归纳为生理疾病。

④ 家园教育不一致，从而产生新的问题。有的教师对家长的教育方法不重视，导致家园教育的不一致，幼儿无所适从，从而产生新的行为问题。

……

（2）主持人小结：像威威这样特殊的孩子，他行为的成因与家庭因素有着直接关系，也与幼儿园的教育有着密切的关系，所以我们必须重视家园的密切联系，重视家园的教育，关注像威威这样的孩子，使他们融入集体生活之中。

（三）反思活动：对案例做进一步的分析，商讨对策

1. 小组互动研讨

在实践工作中，面对像威威这样的孩子，你有什么好的处理方法呢？

2. 各组派代表发言

（1）从孩子的行为、认知和情感方面训练，或许会有好的成效。

（2）家庭治疗法：引导家长经常与孩子做游戏或出去玩，这样可以减少孩子行为问题的发生；引导家长当孩子出现问题时不要对孩子采取惩罚或当着别人的面打或训斥孩子，以及家长不要把自己的情绪发泄在孩子身上。

图2　各组教师代表发言

（3）教师要创设包容性的教育环境，对特殊行为的孩子有针对性地采取教育，不能顺其自然，要密切关注孩子的情况。

（4）教师要善于捕捉特殊行为问题孩子的闪光点，利用其闪光点克服其缺点。

（5）引导特殊行为问题的孩子做一些力所能及的事，培养其自理能力和责任感。

（6）教师要不断学习、更新教育观念，善于捕捉孩子的兴趣点以应对不同孩子教育的需要。

……

3. 主持人小结

教师要关注孩子，给予孩子积极、正面的引导，寻找他们身上的闪光点，使其树立自信并融入班级生活中；同时，教师认真做好与家长的沟通工作。

（四）感悟：总结提升

（1）通过互动游戏、交流、反思，教师谈谈"对特殊行为问题孩子的教育最有效的方法在哪里？"

（2）教师提出自己在教育教学中存在的问题，从中擦出新的思想火花，生成新的研讨话题。

（3）总结活动

今天大家就威威的案例展开了非常激烈的讨论，我深深地感受到大家对这次活动的重视，在活动前做了充分的思考和准备，每位教师都结合自己的教育经验，纷纷发表了自己的看法和体会，共同探讨这些特殊行为问题儿童的教育策略。我认为每位教师的发言都是精彩的，从不同的角度提出了自己的想法，例如：教师对特殊幼儿的关注，关注他们的心理健康；寻找问题儿童身上的闪光点，使他们树立自信并融入班级生活中。

（五）活动评价

评选出最佳集体合作奖和演讲、答辩积极发言奖各四个。

【教研反思】

在活动中，教师能积极参与活动，围绕主题积极、主动地交流讨论，并达成了共识：

（1）教师对孩子应积极正面地引导。

（2）教师对特殊孩子要高度关注，尊重并接纳他们，善于捕捉他们身上的闪光点，使其树立自信并融入班级生活中。

（3）教师认真做好与家长的沟通工作。

如何帮助教师解决一日生活组织环节中的困惑

【教研背景】

如何合理、有效地组织幼儿园的一日活动，如入园环节、盥洗环节、进餐环节等九个环节，这是教师们需要思考的问题，也是值得我们研讨的课题。本次教研旨在帮助教师在集体智慧中习得用科学的计划、合理的安排把时间拓宽，有效执行一日生活各环节的组织，并解决一日生活组织环节中的困惑。

【教研目的】

（1）通过研讨活动，有针对性地帮助教师解决一日生活组织环节中的困惑。

（2）为教师搭建讨论、交流、分享的平台，构建学习共同体。

【教研准备】

1. 经验准备

拍摄教师组织孩子如厕的小视频，派发调查表统计数据，按工作坊把教师进行分组。

2. 物质准备

电脑、麦克风等音像设备、教研活动课件、油性笔、卡纸、信封、四面红旗。

【教研形式】

案例分析、正反辩论。

【教研对象】

全体教师。

【教研主持】

陈月枝、关玉嫦。

【教研过程】

（一）快乐进行时

活动规则：教师根据钟面显示的时间，说出该时间段所进行的组织环节。每组派一代表举旗，速度最快的获得答题权。

（1）小组成员抢答。

（2）主持人小结。

小结：从教师们对答如流的情况来看，大家对一日生活各环节的组织

图1　教师积极表达观点

内容都很熟悉。幼儿园的一日活动通常可分为九个环节，即入园环节、盥洗环节、进餐环节、喝水环节、如厕环节、自由活动环节、午睡环节、离园环节及集体教育环节。

（二）交流进行时

（1）教师出示调查表数据。

（2）根据数据，针对教师们存在困惑的环节进行研讨、交流。

活动规则：每组根据信封内的案例进行分析，并把策略写在卡纸上，时间为5分钟，然后派代表进行陈述，作答时间为3分钟。

①各组派代表抽取案例信封。

附案例内容：

案例1：

户外活动结束了，孩子们冲到盥洗室，小小的盥洗室因此而变得拥挤。琪

琪和宁宁因为争抢水龙头吵起来；乐乐洗完手一转身便撞上了正准备洗手的宁宁，宁宁马上大哭起来。于是，厕所里充斥着孩子们的叫喊声："老师，他不排队还推我""老师，乐乐把宁宁弄哭了"……

图2　小组研讨

案例2：

区域活动中，孩子们在各个区域里愉快地进行着游戏。这时，厕所里传来了阵阵的呼唤声："老师，老师，快来，楠楠流血了！"老师急忙跑到厕所看个究竟，原来是楠楠在去上厕所时跑得太快，摔倒在地上，头部流血了。

案例3：

餐后，孩子们都自觉地去漱口，其中有几名孩子在厕所里逗留了很长一段时间，可还没从里面出来，黄老师走进去一看，只见聪聪和乐乐口里含着水正"咕噜、咕噜"地朝镜子上喷，弄得镜子上都是水，还有两个孩子拿着水杯在水龙头装水玩，弄得洗手间一地的水。

② 各组成员针对以上案例，积极思考讨论。

③ 四个小组分别派代表对案例进行分析和提出应对策略。

（3）主持人小结

主持人：刚才各小组分别对三个案例进行分析并想出了相应的对策，相信教师们在聆听的过程中肯定会有自己的思考和想法。我们可以归纳为以下四点：

① 细分工，明责任。我们尤其需要注意的是三位教师要密切合作，分工明确，责任到人，对环节的组织要有计划性，对细微调整的地方，要做到心中有数，要善于坚持，并注意常规要求的一致性。

② 控情绪，莫催促。教师应调整一日活动流程安排，改条状为块状，给予孩子更多的自主权，避免造成时间的紧迫感，使孩子产生焦虑情绪，影响其心理健康。

③ 巧安排，免等待。教师可以通过分流、自主等方式调控孩子盥洗的人数，把控孩子盥洗的时间，减少孩子的消极等待。

④ 观全局，顾个体。教师应该面向全体幼儿，细心观察，及时发现需要帮助的孩子，给予鼓励并适度协助。

教师需要时刻注意密切合作，对环节的组织要有计划性，对细微调整的地方，做到心中有数，善于坚持并注意常规要求的一致性。

（三）实践进行时

活动规则：各组根据视频的内容，每组有5分钟思考时间，找出对策，进行3分钟现场模拟演绎。

（1）观看视频。

视频内容：第一节教学活动结束后，洗手间被挤得水泄不通，有个别孩子推推挤挤，吵吵闹闹。过了一会儿，部分孩子已经如厕、洗手完毕，但还有个别的孩子在卫生间里聊天，慢吞吞，迟迟不上厕所，教师则在队伍的前面催促道："后面的小朋友请快点，准备下一个活动了。"

（2）各小组成员开始积极思考讨论。

（3）小组成员现场演绎。

（4）主持人归纳小结。

图3　教师们认真聆听

通过实践演绎，相信大家都更能体会一日生活组织环节的重要性，在交流、实践的过程中，我们意识到组织欠妥当，分工不明确都有可能造成安全隐患的出现和时间的隐性浪费。

（四）好书推荐，活动结束

（1）教师有好书推荐。

（2）教师对孩子提出寄望。

【教研反思】

有人说，时间用在哪里，你的结果就在哪里。用科学的计划、合理的安排把有效的时间用在有效的事情上，用行动和效率去把时间的脚步留住，更能有效地组织幼儿园一日生活各环节。

通过本次教研活动，解决了教师们在组织一日生活各环节中存在的一部分困惑，如：孩子起床后的环节组织、餐后的散步等。同时，让教师们意识到在平时的组织中应多关注孩子的动态、思考优化的策略、多做尝试，让一日生活各环节能更科学、更有效地进行。

第六章 研——好书分享

如何快乐阅读·感悟童心

【教研背景】

本学期，通过对一线教师的调查、研究发现，虽然教师们都知道读书的重要性，但现实中教师真正读书的并不多，究其原因，主要反映在三个方面：一是教师没有时间看书；二是教师不知读什么书；三是教师不知如何读书。

基于教师读书的问题，我园正式启动了主题为"读书·交流·反思·感悟"系列园本教研活动。希望在读书活动中，教师们能逐渐养成爱读书的好习惯，让读书真正成为教师专业成长的有效途径。

【教研目的】

（1）通过读书活动，帮助教师走出误解孩子的教育误区，养成研究孩子行为的习惯。

（2）为教师搭建读书交流分享的平台，培养读书的良好习惯。

【教研准备】

1. 知识准备

活动前每位教师认真阅读教师专业发展丛书之《在反思中成长》，并写好心得体会。

2. 物质准备

教研活动课件。

【教研形式】

视频回顾、案例分析、知识竞赛。

【教研对象】

幼儿园全体教师。

【教研主持】

区伴贞。

【教研过程】

（一）心灵碰撞，交流心得

1. 看课件

回顾我园教师近期开展读书活动的情况。

2. 谈心得

请教师谈阅读第一章节《走进孩子篇》的心得体会。

（设计意图：开始部分，通过谈一谈，让每位教师都有机会，结合实际情况谈谈自己最有感触的心得体会，营造浓厚的学习氛围。）

（二）知识竞赛，温故知新

通过提取《在反思中成长》书中有价值的问题，进行小知识竞赛。

（1）走进孩子篇，一共由哪几部分组成？有多少个小故事呢？

（2）故事《让你再"咬"我！》，究竟是什么咬了孩子呢？

（3）在故事《不愿认错的东东》中，田老师哪"四管齐下"策略是值得我们去学习的呢？

（4）《请您帮我梳小辫儿》《只想拉拉您的手》《就想让你哭》《我喜欢老师，老师不喜欢我》这四个故事告诉我们一个什么道理？

（5）在故事《到底是谁的过失？》中，为什么孩子会一再尿湿裤子？

（6）在故事《骨头棒用处大》中，为什么孩子要把午餐吃剩的骨头偷偷藏在口袋里？

（7）为什么孩子天冷了还不愿意盖被子，哭喊着让老师把被子拿远点？

（8）在《我要那张"王子与白雪公主"的画》中，教师用了什么样的教育策略？

（9）在《郝郝为什么变了？》中，教师对郝郝的攻击性行为的教育方法，给了我们什么样的启示？

（10）在故事《一巴掌的启示》中，给了我们什么启示？

（11）在《爱哭的文文》中，教师为了帮助文文克服分离焦虑，运用了哪些灵活的教育技巧？

（12）在《特别的爱给特别的你》故事中，生动地呈现了教师在残疾儿童成长过程中的巨大作用，同时给予了我们什么启示呢？

（设计意图：通过分组知识竞赛，温故知新，调动教师参与活动的积极性，给教师带来教育的启示。）

（三）案例研讨，感悟童心

1. 发现误区，走进童心

案例1：

老师带领中班幼儿开展户外活动时，先后有几个小朋友向老师告状，都说辉辉打了他们。老师生气了，用手一指，厉声叫道："辉辉，怎么又是你！你怎么老是闯祸！到树下休息去！"辉辉站在树下东张西望，一副满不在乎的样子。

（1）你对这位教师的处理方法有何看法？

（2）案例中，教师该如何走出教育的误区？

2. 运用理念，解读童心

案例2：

6岁的丽丽不小心弄坏了妈妈买给她的芭比娃娃，怕妈妈责备，她把娃娃藏在床底下。妈妈打扫卫生时发现了芭比娃娃。

妈妈："丽丽，你的芭比娃娃呢？"

丽丽："我不知道它在哪里。"

妈妈拿出芭比娃娃说："你看这是什么？"

丽丽："不是我把它放到床底下的。"

妈妈："它怎么坏了呢？"

丽丽："不是我搞坏的，可能是奶奶弄坏的。"

图1 提出问题，发表观点

妈妈自然很生气："你竟敢骗人！自己弄坏了娃娃，还以为能蒙混过关，我最讨厌说谎的孩子了！"最后妈妈严厉地训斥了丽丽。

（1）请分析孩子说谎背后的原因。

（2）我们该如何避免孩子的防御性说谎？

（设计意图：通过发现误区——走进童心——运用理念——解读童心，层层深入，让小组通过集体协作，共同反思的形式，结合书本相关的教育理念深入分析，提高教师反思能力，改进教育行为。）

（四）总结归纳，活动延伸

1. 主持人小结

教育，必须感悟童心，教师了解孩子行为背后的原因，和孩子们共同成长，还学会爱孩子。

2. 好话大放送

今天在场所有参与的人中，您最欣赏谁的发言？

3. 活动延伸

请教师提出自己在教育教学中存在的困惑和疑难问题，从中找出新的思想火花，生成新的研讨话题。

（设计意图：通过"好话大放送"的形式，让教师学会欣赏别人，营造和谐教研氛围，并就自己在一线工作中遇到的困惑，生成新的话题，作为下次研讨活动的内容。）

【教研反思】

在活动中，教师能踊跃发言，积极表达自己的观点，使研讨气氛浓厚。教师的发言给了我们很多的启示，也值得我们去学习。感悟童心，读懂孩子，该如何做呢？我想，我们更需要的是一种尊重的态度，一些教育的技巧，一些专业的知识，一些有效的反思。

美国心理学家波斯纳提出：教师成长=经验+反思。相信，只要我们都能踏踏实实地多读书，多反思，教师们会更加有才学，幼儿会更得益。

图2　认真聆听园长点评

如何解读幼儿的内心世界

【教研背景】

我园自开展"悦读计划"以来，通过每学期向教师们推荐好书，营造读好书、好读书的氛围，从不同的渠道提升教师们的业务能力。《透视幼儿心理世界》是2015年阅读月推荐的"悦读书单"。通过开展读书沙龙，帮助教师们从幼儿怎样认识世界、怎样感受世界、怎样应对世界这三个方面剖析幼儿的心理世界，提升教师们观察幼儿、读懂幼儿的能力。

【教研目的】

（1）通过多种形式，帮助教师们进一步熟悉、理解《透视幼儿心理世界》的内容。

（2）帮助教师解读幼儿的内心世界，从科学的角度了解幼儿、理解幼儿，使师幼之间的关系更融洽。

【教研准备】

1. 知识准备

活动前每位教师认真阅读教师专业发展丛书之《透视幼儿心理世界》，并写好心得体会。

2. 物质准备

教研活动课件、卡纸、白纸、大头笔、音乐。

【教研形式】

知识竞赛、案例分析。

【教研对象】

幼儿园全体教师。

【教研主持】

梁静文、邓华。

【教研过程】

第一部分：团队分组

（1）参与游戏的成员进行分组。

（2）团队分组并将组名、口号进行展示。

小组以爱的名义设计组名，并展示组名与队号。

第二部分：爱我你就看看我

（一）爱的分享

（1）游戏《抱抱夹爱》

玩法：每组挑选两人参与游戏，两人在背后拥抱的状态下参与游戏，被拥抱者带上眼罩，听从拥抱者的语言提示进行夹取物品，时间为60秒，以最短的时间成功夹到5个为胜。胜出者优先抽取爱心卡。

图1　教研活动现场

（2）获胜队选取题型，进行作答。（后附必答题题目）

（设计意图：以游戏的形式，激发教师的参与兴趣。）

（二）爱的追求

（1）主持人布题（后附抢答题目）。

（2）各组成员进行抢答。

（3）游戏《石头剪刀布》。

玩法：每组请一名代表，进行猜拳游戏，胜利的一方获取抢答的机会，并在30秒内完成作答。如果这名代表回答错误，其他组可以获得补答的机会。

（设计意图：通过游戏的方式，让教师们在玩中更进一步熟悉《透视幼儿心理世界》一书的内容。）

（三）爱的共鸣

1. 爱我你就看看我

规则：每组派一名代表用8分钟时间来挑选自己感兴趣的内容进行精读。

2. 爱就说出来

规则：

（1）小组成员用简明扼要的语言归纳总结所看的章节。

（2）说说你为什么要选取这个章节与大家分享？或可以结合实际说说自己的感受。

（3）每组派2名代表发言。

图2　快乐游戏，气氛活跃

A老师：特级教师王兰说过："不是聪明的孩子常受表扬，而是表扬会使孩子更聪明。"从王兰老师的这句话中，我深刻地认识到，作为幼儿的启蒙导师，我不仅应该知道表扬对幼儿是一种强化剂，还应该知道表扬也是要有艺术的。

B老师：在我们日常的教育中，常常会以标准答案作为判定孩子正确标准，这样会无形地扼杀了幼儿的想象力。作为教师，我们应该给孩子一片想象的天空，保护其想象力和创新能力。正如爱因斯坦说过的："想象力比知识更重要，因为知识是有限的，想象力概括着世界上的一切，推动着进步，并且是知识进化的源泉。"

C老师：书中说道："幼儿的思维之所以停留在只重结果的程度，除了受到他们思维发展水平的限制外，还有一个主要的原因就是：我们成人经常只是根据物质被损坏的程度来责骂孩子。"作为教师，我们应该反思平时的教育行为是否恰当。

D老师：在书中第二部分"结果比原因更重要"中指出："正确看待孩子的无理取闹行为。"我认为不是所有的无理取闹都是无理的，我们成人和幼儿认识世界的方式不一样，用成人的判断标准去量度幼儿是不合适的。

3. 主持人小结

（设计意图：通过让教师们选取自己感兴趣的内容进行归纳，并迁移到现实生活中透视所存在的问题，寻求解决的方式方法。）

（四）爱的演绎

1. 游戏《爱心顶刮刮》

规则：每组派代表抽取一张卡片，以刮奖的方式，刮中的一组派代表出来演绎所给出的案例。

2. 爱的演绎（后附案例）

规则：小组用5—10分钟的时间对案例进行解读、商议角色分配。与此同时，其他组也做思考，说出其感受。

图3　认真阅读，分享心得

（设计意图：通过教师们精彩的表演和发言，让其真正透视幼儿的心理世界，在日后的工作中更理解孩子。）

第三部分：爱我你就想想我（好书推荐）

（1）请每组派两名代表上台用30秒的时间分别介绍各自挑选的好书与全体教师一起分享。

（2）小结：读书好，读好书，好读书。

（设计意图：提供更多的机会让教师们站上台，分享自己的好书。同时，营造读好书，好读书的阅读氛围。）

【教研反思】

本次的读书分享活动，以"爱"贯穿始终，让教师们对书中"幼儿怎样认识世界、怎样感受世界、怎样应对世界"有了进一步的了解和认识。教师在活动中有这样的感悟：言传不如身教，从"老师说的"永远是对的，过渡到"以幼儿为本"。我想，只要坚持在行动中思考，在思考中行动，我们的教育会变得更有智慧！

附：

必答题（节选）

1. 这本书叫什么名字？

答：《透视幼儿心理世界》。

2. 请你简单介绍一下这本书的作者。

答：冯夏婷是教育心理学博士，副教授，1986年毕业于华南师范大学教育系学前教育专业，获学士学位；1991年毕业于华南师范大学教育科学学院教育心理学专业，获硕士学位；2003年毕业于华南师范大学教育科学学院教育心理学专业，获博士学位。她从事幼儿心理与教育专业的教学科研工作25年。

抢答题（节选）

1. "不会，我很笨"是出自哪个内容的小故事？（P195）

答：做个"乖"孩子吗？

2. 妈说"可以"是出自哪个内容的小故事？（P100）

答："老师说的"永远是对的。

案 例

案例一：P106

我要去找警察叔叔！

3岁的晓晓最近特别爱找"警察叔叔"。妈妈给晓晓讲《三只小猪》的故事，当晓晓听到可恶的大灰狼一连撞塌了两只小猪的房子时，扯着妈妈的衣袖一个劲儿地说："我要去告诉警察叔叔，大灰狼太坏了！"晓晓在楼下和邻居家的弟弟起了口角，他忍着怒火对弟弟说："警察叔叔会替我教训你的！"最令妈妈啼笑皆非的是，为了表示对晓晓乱扔玩具的不满，妈妈很严肃地说："你这么不乖，再到处乱扔垃圾，我就再生一个妹妹，不要你了！"晓晓完全没被妈妈恐吓到，反而一本正经地对妈妈说："我也要和警察叔叔说，我不要你了，我要换一个妈妈！"在晓晓心里，仿佛他遭遇到的所有"坏事"，都可以找警察叔叔解决，警察叔叔可真是万能啊！

案例二：P176

肚子疼的妮妮

早上，妈妈把妮妮送到幼儿园，校医准备给她做晨检，这时妮妮对妈妈说："妈妈，我肚子好疼。"妈妈一听很着急，跟老师打了个招呼就把妮妮带回去了。在去医院的路上，妮妮跟妈妈说又觉得肚子不疼了。妈妈嫌麻烦就没再送妮妮上幼儿园。第二天，妈妈把妮妮送到幼儿园门口，妮妮捂着肚子说："妈妈，我的肚子又好疼。"妈妈很焦急：怎么会无缘无故肚子疼呢？因此，妈妈又把妮妮带回去了。就这样，妮妮"肚子疼"了好几天。一天，妈妈出差了，只能由爸爸送妮妮上学。爸爸将妮妮送到学校门口，妮妮故伎重演，没想到爸爸把妮妮交给老师，说："妮妮肚子有点不舒服，麻烦老师带她去校医那里看一下，没什么问题的话就让她在幼儿园吧。"说完爸爸就上班去了。第二天，妮妮很自然地走进教室，也不说肚子疼了。爸爸发现了这个小秘密——妮妮不想上学，就在妈妈面前假装肚子疼。可是爸爸似乎不吃这一套，因此，妮妮在爸爸面前就不装了。

活动建议：各幼儿园可根据园所的实际情况，在《透视幼儿心理世界》一书中选择相关题目。

如何"学指南、言指南、悟指南"

【教研背景】

为了能够加深教师们对《3-6岁儿童学习与发展指南》的学习，我园正式开展了"学指南，言指南，悟指南"系列园本教研活动。希望在教研活动中，能够让教师快乐地学习《3-6岁儿童学习与发展指南》，快乐地用语言表达《3-6岁儿童学习与发展指南》，能够理解《3-6岁儿童学习与发展指南》里的内容，并运用到实际工作中。

【教研目的】

（1）通过分组研讨、案例分析、提炼梳理的形式，学习《3-6岁儿童学习与发展指南》内容。

（2）研析各年龄段，各领域儿童学习发展目标要求，指导日常保教工作。

【教研准备】

1. 知识准备

活动前教师认真阅读《3-6岁儿童学习与发展指南》。

2. 物质准备

教研活动课件、写有数字1—35的球。

【教研形式】

视频回顾、案例分析、知识竞赛。

【教研对象】

幼儿园全体教师。

【教研主持】

李燕开、陈欣琪。

【教研过程】

（一）"抽球"游戏，组建小组

1. 抽球游戏

音乐响起后教师随机进行抽球，音乐停，停止抽球。

2. 组建小组

1—8为第一组；9—17为第二组；18—26为第三组；27—35为第四组。组内各选一名组长。

（设计意图：开始部分，通过游戏导入，调动教师参加活动的积极性，营造轻松愉快的氛围。）

图1 抛出问题，引发思考

（二）每组必答，学习指南

通过抽取《3-6岁儿童学习与发展指南》五大领域里教育目标和教育建议部分的内容进行必答。（后附必答题）

（1）组长抽取一个装有题目的密封信封。

（2）请三位代表分别说出A、B、C卷的答案。

（3）最快找到答案且答案正确的加两颗星（20分）

（设计意图：通过必答环节，温故知新，让教师们更进一步熟悉《3-6岁儿童学习与发展指南》的内容。）

（三）激烈抢答，加深理解

提取《3-6岁儿童学习与发展指南》里部分领域的核心要素，以判断题的形式进行抢答。（后附抢答题）

（1）分别出示10道判断题，主持人读题结束，哨子声一响，各组进行抢答。

（2）如果您认为题目的观点是错的，请您指出错在哪？正确的答案是什么？

（3）回答正确加一颗星（10分）

（设计意图：有了必答环节，教师对《3-6岁儿童学习与发展指南》里各领域的内容有了一定的了解。通过"抢答"促进教师对各领域教学目标和教学建议正确与否的判断；同时，调动了教师参与活动的积极性，营造人人参与，人人发言的教研氛围。）

（四）案例研讨，策略讨论

通过展示情景对话片段和视频案例，教师要以《3-6岁儿童学习与发展指南》的教育诸要素为依据，结合自己的观点进行阐述。

1.情景对话片段分析

案例1：

关于健康领域中动作发展目标三：手的动作灵活协调片段

每当早点吃鸡蛋或午点吃鹌鹑蛋的时候，小三班的苏老师都会自动提前把壳剥好。苏老师认为这样既省时，又能保持桌面的清洁。

（1）苏老师的观点您认同吗？

（2）您的依据是什么？

案例2：

关于社会领域中社会适应目标一：喜欢并适应群体生活片段

琪琪最近参加了校园艺术节的排练，课后总是哼哼唱唱，自发乱舞乱唱。班主任李老师说："琪琪，现在不是排练的时候，不许乱舞乱唱，这不是老师教的动作……"

（1）李老师的做法有没有体现《3-6岁儿童学习与发展指南》的理念？为什么？

（2）如果您是李老师，您会怎样处理？依据是什么？

图2 教师们积极交流观点

2. 视频案例分析

（1）教师观看2个教育行为视频。

（2）以《3-6岁儿童学习与发展指南》为依据，各组汇报员根据讨论做记录。

（3）各组代表进行阐述，其他成员适时补充。

（4）主持人小结。

（设计意图：以《3-6岁儿童学习与发展指南》为依据进行案例的分析，理论指导实践，提高教师的反思能力，改进教育行为。）

（五）总结归纳，活动延伸

1. 主持人小结

人生童年有几回，孩子的童年是短暂的，是不可逆行的，孩子的心是一块奇妙的沃土，播下什么就收获什么。不要把成人的意志强加给孩子，让孩子真正拥有幸福、快乐的童年。我们要有敏锐的洞察能力，要做到细心、耐心，有责任心和拥有一颗童心，要了解孩子的需要并给予适时的支持和帮助。有了《3-6岁儿童学习与发展指南》为我们指引方向，我们就有了努力的目标。

2. 活动延伸

根据《3-6岁儿童学习与发展指南》指出："幼儿的学习是以直接经验为基础，在游戏和日常生活中进行的。要珍视游戏和生活的独特价值，创设丰富的教育环境，合理安排一日生活，最大限度地支持和满足幼儿通过直接感知、实际操作和亲身体验获取经验的需要，严禁"拔苗助长"式的超前教育和强化训练。"根据这一精神，请教师利用自制的各种教具，开展精彩的教育教学活动。

【教研反思】

通过带领教师共同学习《3-6岁儿童学习与发展指南》发现，书中讲到的每一点内容都是我们在日常工作中所做、所学、所研究的事情，只有将每件事情都落实到位、认真负责完成，才能使我们的自身素质、工作经验有所提

图3　教师们收获满满

高，教学效果更好。希望通过系列的学习活动，教师们在实际的教学中，能以此为实践引导，多联系实际、多思考、多反思，把工作真正落到实处，把自己的工作做得更出色。

附：

必答题（节选）

A卷

1. 发育良好的身体_____、_____、_____、_____和_____是幼儿身心健康的重要标志。

2. 幼儿每天的户外活动时间一般不少于_____小时，其中_____时间不少于_____小时。

B卷

1. 应为幼儿创设_____的语言交往环境，鼓励和支持幼儿与成人、同伴交流，让幼儿_____并能得到_____。

2. 语言领域可以分为_____和_____两个部分。

C卷

1. 鼓励幼儿_____，对幼儿的_____和_____给予肯定，不因____或____而包办代替。

2. 注意观察幼儿在新环境中的_____、_____、_____等方面的情况，采取_____帮助他们_____。

D卷

1. 幼儿身心发育尚未成熟，需要成人的精心呵护和照顾，但不宜_____和_____，以免剥夺幼儿_____，养成_____，影响其_____、_____的发展。

2. 具有良好的生活与卫生习惯，让幼儿保持_____，养成良好的_____。如：_____、_____、_____、_____等。

抢答题（节选）

1. 成人对幼儿的艺术表现给予充分的理解和尊重，用自己的审美标准去评价幼儿，但不能为追求结果的"完美"而对幼儿进行千篇一律的训练，以免扼杀其想象和创造的萌芽。（×）

改：成人对幼儿的艺术表现给予充分的理解和尊重，不能用自己的审美标准去评价幼儿，更不能为追求结果的"完美"而对幼儿进行千篇一律的训练，以免扼杀其想象和创造的萌芽。

2. 在幼儿自主表达创作过程中，不做过多干预或把自己的意愿强加给幼儿，在幼儿需要时再给予具体的帮助。（√）

活动建议：各幼儿园可根据园所的实际情况，在《3-6岁儿童学习与发展指南》一书中选择相关题目。

如何观察与支持儿童的学习

【教研背景】

幼儿园教师要想在专业道路上走得实、走得稳，有一个好办法，就是——阅读。为此，我园组织教师们进行本次的读书沙龙活动，希望在整个读书活动中，教师们能加深对《做有力量的教师——观察与支持儿童的学习》一书的认识，从读书中领悟教育的技巧，助力教师专业成长。

【教研目的】

（1）通过多种形式，使教师们进一步熟悉《做有力量的教师——观察与支持儿童的学习》的内容。

（2）通过读书沙龙活动，搭建教师交流平台，学习教育理论，更新教育观念，丰富教育智慧，促进教育创新。

【教研准备】

1. 知识准备

在活动之前，教师认真阅读《做有力量的教师——观察与支持儿童的学习》一书。

2. 物质准备

教研活动课件、案例、卡纸、白纸、大头笔、音乐、每人自带图书《做有力量的教师——观察与支持儿童的学习》等。

【教研形式】

知识竞赛、案例分析。

【教研对象】

幼儿园全体教师。

【教研主持】

邓华、梁嘉惠。

【教研过程】

第一部分：团队分组

（1）教师按名单分组坐好。

（2）各组进行组名、口号的展示。

（以力量的名义设计组名，并展示组名与队号。）

图1 《做有力量的教师》品读分享会

第二部分：阅读—交流—分享—成长

（一）看——观察的力量

（1）选取平时一些写得比较好的游戏故事让教师们观看学习。（借此机会肯定、表扬游戏故事写得好的教师们）

（2）有针对性地选取一些观察记录，如选取属于保持客观行为的，识别细节的，等等，帮助教师们归纳总结：保持客观、识别细节、发现关系、关注全面、把握线索，这些都是儿童行为观察的关键技术。

（设计意图：通过回顾以往写的游戏故事，让教师们相互学习，取长补短。）

（二）阅——知识的力量

1. 必答题（后附材料）

活动规则：每组派一代表抽取题目，组员用3分钟阅读书本后，进行作答。

2. 抢答题（后附材料）

（1）主持人布题。

（2）各组成员进行抢答。

（3）游戏：手臂力量大。

玩法：每组派一名代表出来进行游戏，两两互相掰手腕，赢的两位老师进行第二轮，最终胜利的老师获得答题机会，并在30秒内完成作答。如果回答错误，其他组可以获得补答的机会。

（设计意图：通过游戏的方式，激发教师的参与兴趣，让教师们在玩中更进一步熟悉《做有力量的教师——观察与支持儿童的学习》一书的内容。）

（三）想——思考的力量

在书本中选取4个有思考价值的案例，每组抽取一个案例进行分析。（后附案例）

图2　集思广益，交流分享

（1）主持人布题：请大家根据案例进行分析。（分析要求：不能照搬书本，需要有自己的思考）

（2）分组讨论。

（3）各组代表作答。

（4）主持人小结。

（设计意图：选取书中有思考价值的案例，让教师们结合理论进行分析，从而提高其分析和思考能力。）

（四）享——书本的力量

主持人：《做有力量的教师——观察与支持儿童的学习》是一本富有知识性的书，它全面阐述了如何从不同侧面观察和记录幼儿在各种活动中的表现以及评价、支持、分析儿童的各种行为。全书提供了丰富的实例，是我们工作中可借鉴的"宝典"。本次活动学习了第二章、第三章的内容，相信老师们

图3　教师乐于分享观点

通过本次活动，或多或少都有所思考、有所收获，现在请老师们来分享一下你们的收获或者想法。

（设计意图：提供更多的平台，让教师们分享自己在活动中的一些收获，让更多的教师得到锻炼。）

【教研反思】

在学习《做有力量的教师——观察与支持儿童的学习》一书时，教师们能不断地思考如何将这些专业的知识运用到实际的教育工作中。教师们这种爱学习的态度值得大家学习。希望教师们通过本次教研活动，能利用更多的时间去读书，让"学习、实践、反思"成为教师专业成长的习惯。我相信，教师们只有多读书、多思考、多反思，才能在提升自己素质的基础上，更好地投入到幼教工作中去。

附：

必答题（节选）

第一组题：

1. 班德森曾这样说过："如果我们要理解幼儿，就必须_____、_____、_____。此外，我们对由此而得到的信息，必须进行分析和解读，这样我们才能理解幼儿行为的意义，并采用合适而有意义的方式促进幼儿的成长。"（P62—63）

2. 动机的三种基本类型①_____；②_____；③_____。（P66—67）

第二组题：

1. 教师帮助儿童进行积极归因，并且给予儿童努力的机会，让儿童自己体验_____的过程，_____，有助于引发幼儿_____，克服_____，激发_____，使幼儿获得_____和_____。（P202—203）

2. 对幼儿行为分析解读的过程从某种意义上来说就是要_____、_____和_____。（P81）

第三组题：

1. 情绪理解能力能够使儿童识别_____，预测_____，从而有利于帮助儿童_____。（P106—107）

2. 动机的四大功能①_____；②_____；③_____；④_____。（P70—72）

第四组题：

1. _____和_____是相互联系的两种现象，它们有着共同的物质基础——大脑，我们可以通过_____引起的_____状态来解释情绪和动机这

两种现象。（P65—66）

2. 情绪过程涉及许多相互依赖的变量，这些变量是能够被组织成一个整体的，主要包括_____、_____、_____作用和_____作用。（P76—77）

抢答题（节选）

1. 分析解读的注意要点有哪些？（P146—164）

2. 情感冷漠是退缩行为中的一种表现，主要表现在以下几个方面？（P117—123）

案 例

案例一：P94

小俊独自一个人拿着磁盘在桌子上玩，身后的汽车区传来轰隆隆的响声，小俊猛然停下手中的动作，转过身去，盯着倒地的车子和汽车区的同伴看了1分钟，然后他又缓缓地转回来继续玩自己手中的磁盘。这时候有个小女孩坐在了小俊的旁边，他看了看旁边的小女孩，张了张嘴，又把头转过来，继续自己一个人玩磁盘。

案例二：P113

小珊最近很反常，小珊妈妈特别苦恼。每天早上妈妈要苦口婆心地劝说小珊好久，小珊才很不情愿地跟着妈妈去幼儿园。她已经是中班的孩子了，怎么还这么不懂事呢？以前小珊都不这样，小班刚入学那会儿，她每天都早早起床，开开心心地拉着妈妈的手要去幼儿园，从没有出现像别的小孩子那样的入园焦虑现象，反倒是现在一把她送到幼儿园就哭闹个不停，有时候还惊动了园长，妈妈觉得很无奈。一个月过去了，小珊的情况仍没好转，妈妈在多次尝试下，小珊说出了一个月前发生的事情，主班老师不要她当小组长了。妈妈听了哭笑不得，觉得不就是不能当小组长吗？至于伤心成这样？

活动建议：各幼儿园可根据园所的实际情况，在《做有力量的教师——观察与支持儿童的学习》一书中选择相关题目。

下 篇
关于教师职业认识和技能的现场教研

爱在左，

责任在右，

走在生命之路的两旁，

随时播种，

随时开花。

将这一径幼苗育得花香弥漫，

是穿花拂叶的可人园丁，

踏着荆棘，

不觉得痛苦，

有泪可流，

却觉得幸福。

第七章 研——家园沟通

如何提高家园沟通的有效性

【教研背景】

《幼儿园教育指导纲要（试行）》指出："家庭是幼儿园重要的合作伙伴。应本着尊重、平等、合作的原则，争取家长的理解、支持和主动参与，并积极支持、帮助家长提高教育能力。"如何提高家园沟通的有效性是家园共育，形成教育合力的关键。为此，我们开展了"如何提高家园沟通的有效性"园本教研活动，让教师了解与家长沟通的技巧，构建良好的家园合作平台。

【教研目的】

（1）通过游戏、角色模拟，让教师了解与家长沟通的技巧。

（2）教师与家长建立平等合作的伙伴关系，提高家园沟通的艺术与技巧。

【教研准备】

1. 经验准备

教师收集有关"家园沟通"有效方法的相关资料并做好记录。

2. 物质准备

桌子、卡纸（写组名）、名片夹、大头笔、大白纸、扑克牌、教研活动课件、亮分牌、口罩。

【教研形式】

案例分析、情景演绎。

【教研对象】

全体教师。

【教研主持】

李燕开、黄静。

【教研过程】

（一）导入——扑克牌分组

规则：请教师随意抽取扑克牌，并按手中扑克牌的花色分成四组。在十分钟内，每组选出一位组长，大家集思广益，将想好的组名和口号写在卡纸上，并创编口号的动作，各组成员轮流上台展示。

（设计意图：通过组员间讨论、交流、展示的环节热身，活跃活动气氛，建立团队合作精神，达到破冰的效果。）

（二）游戏——我做你猜

规则：

（1）这四组的所有成员到台上排成四条纵队，请每组的组长到队伍前站好。

（2）主持人将成语告诉组长，组长戴上口罩，把成语用动作表示出来，后面的教师模仿组长把动作传给下一位教师，一个传一个，最后一位教师把成语说出来。

主持人小结：游戏告诉我们，如果不善于与人沟通，就可能会产生不必要的误会，有效的沟通才能事半功倍。

（设计意图：简单有趣的游戏，更能提高教师参与游戏的积极性，营造轻松愉快的教研氛围，潜移默化地了解有效沟通的重要性。）

（三）剖析——家园沟通技巧

《幼儿园教育指导纲要（试行）》指出："家庭是幼儿园重要的合作伙伴。应本着尊重、平等、合作的原则，争取家长的理解、支持和主动参与，并积极支持、帮助家长提高教育能力。"

1. 先抛题：家园沟通的前提是什么？

主持人小结：教师与家长沟通的目的都是教育好孩子。因此，教师在与家长沟通时要以诚相待。正如卡耐基曾说的：与人交往，待人以至诚，才能换取真挚的友谊。

2. 再抛题：家园沟通的方式有哪些？

主持人小结：沟通方式多种多样，例如，家长会、家长开放日、家园栏、家教指导、家长沙龙、家长义工队、家访、电话联系、面谈、约谈、便条、接送本、上网、幼儿成长档案袋等，这些都是教师与家长交流的有效途径。

（**设计意图**：提取教研主旋律的问题，进行思维的碰撞，带领教师步入核心的教研话题。）

3. 分享故事

一个秀才去买柴，他对卖柴的人说："荷薪者过来！"卖柴的人听不懂"荷薪者"（担柴的人）三个字，但是听得懂"过来"两个字，于是把柴担到秀才前面。秀才问他："其价如何？"卖柴的人听不太懂这句话，但是听得懂"价"这个字，于是就告诉秀才价钱。秀才接着说："外实而内虚，烟多而焰少，请损之。"（你的木材外表是干的，里头却是湿的，燃烧起来，会浓烟多而火焰小，请减些价钱吧。）卖柴的人因为听不懂秀才的话，于是担着柴就走了。

主持人小结：同样一句话由于表达方式不同，所收到的效果也不同。用对方听得懂的语言进行沟通，是沟通成功的保障。因此与家长交谈时，教师要注重沟通技巧。

4. 商讨环节

问题：家园沟通的技巧有哪些呢？组员共同商讨并归纳填写"家园沟通的技巧"。在5分钟内，各小组派一位组员进行陈述。

分享沟通的技巧：

（1）先报喜，后报忧；先表扬，后批评。

（2）教师与家长沟通时，教师要善于倾听。

（3）根据家长需求，教师应找准沟通的切入点。

图1 商讨环节，静心思考　　　　　图2 查阅资料，归纳技巧

家长分为四种类型：随和型、表现型、分析型和支配型。

① 在与随和型的家长沟通时，教师要创设友善的环境，讲话时面带微笑，多以商量的口吻交谈，鼓励家长多发表看法。

② 在与表现型的家长沟通时，教师要多注意倾听他们的想法，对他们的积极表现要多加赞赏。

③ 在与分析型的家长沟通时，不仅要先预约好时间，而且沟通时教师要附以事实或例子加以辅证、支撑，使家长更信服。

④ 在与支配型的家长沟通时，教师的语句要坚决果断，但要注意用词恰当，避免伤其自尊。

⑤ 教师要尊重家长，多提建设性的意见，不要居高临下。

⑥ 当幼儿在幼儿园出现状况时，教师要及时、主动地与家长沟通。

主持人小结：可见，沟通是一门艺术。俗话说："一句话说得人笑，一句话说得人跳。"教师与家长沟通时说对话、说准话非常关键。

（设计意图：随着教研主旋律的互动，带领教师进入教研的高潮，通过抛题—分享—商讨—归纳，层层剖析家园沟通的技巧。）

（四）提升——融入情景演绎

规则：每组派一位组员抽取案例，并商讨应对措施，利用10分钟的时间排练，10分钟后分组上台演绎情景。

案例一：

一天，黄老师给孩子布置了一个家庭任务——回家做一件家务事。第二天，明明的妈妈找到老师，严肃地说："老师，你布置的家庭作业我觉得作用

不大，所以没做。你看我，什么家务事都不会做，现在不发展得挺好的吗？况且，如今科技那么发达，洗衣机呀、洗碗机呀什么都有，还用得着动手吗？"如果你是这位教师，你会如何与家长沟通解释？

案例二：

老师与明明妈妈的约谈实录：

妈妈：老师，我想问一下，明明的学习成绩在班上排第几？

老师：我们没有这样排序。

妈妈：听说浩浩认字比我们明明多，是吗？

老师：其实，每个孩子的优点各有不同。我们不应该这样比较。

图3　演绎环节，交流对策

妈妈：看来，我要加强明明认字这方面的学习了，再多教一些字。老师，我们明明很聪明，我对孩子的期望值也比较高，希望他以后能够一直有好成绩。如果你是这位教师，你会如何与这位家长沟通？

主持人小结：苏霍姆林斯基曾说："若只有学校而没有家庭，或只有家庭而没有学校，都不能单独地承担塑造人这一细致、复杂的任务。"家庭和学校在教育孩子的过程中协调一致，相互支持与配合是十分重要的。

（设计意图：对家园沟通技巧有了了解和认识后，通过融入情景演绎环节现学现用，让教师们加深印象，把教研活动提升到生活实处。）

（五）放松操

记住你，亲爱的老师。

【教研反思】

在教研活动中，教师能畅所欲言，通过抛题—分享—商讨—归纳，层层剖析家园沟通技巧，并运用所学到的技巧在"情景演绎"中释放。

幼儿园教育和家庭教育就像一车两轮，在发展方向上同步，在发展目标上同步，在教育原则上同步。教师与家长沟通是一门艺术，教师和家长应互相了解、互相信任、互相配合，这是做好家园共育工作的先决条件。

如何提升教师的沟通智慧

【教研背景】

在幼儿园的实际工作中，沟通无处不在，包括师幼之间、家园之间、幼幼之间的交流与沟通。在调查中发现，教师们提出了一些问题：在幼儿园，家长为何会因为一些小事而造成对教师的误解？在日常生活和教学活动中，教师与幼儿之间又应如何进行交流，形成良好的师幼互动？教师应如何引导幼儿之间的有效沟通？等等，针对这些问题，我园设计了本次教研活动。

【教研目的】

（1）引导教师运用各种方式与幼儿、家长沟通，提升教师的沟通能力。

（2）鼓励教师积极参与教研活动，大胆发言，促进教师的专业化成长。

【教研准备】

1.经验准备

教师收集家园沟通的相关案例；教师自行学习关于沟通策略的理论知识。

2.物质准备

化妆品（口红、胭脂）、幼儿图画作品、卡纸、黑板、音乐"有爱就有天堂"。

【教研形式】

头脑风暴、情景演绎、案例分析。

【教研对象】

全体教师。

【教研主持】

黄丽芬。

【教研过程】

（一）互动游戏：看谁画得准

1. 玩法

两位教师为一组（一人做化妆师、一人做模特），在5分钟内化妆师蒙着双眼，在模特的语言提示下为模特画口红和胭脂，哪一组完成得最好，则为胜。

2. 主持人小结

通过游戏侧面反映"有效沟通"是非常重要的。在教育教学中，教师的沟通智慧也是非常重要的。那么，我们又应该如何提升沟通智慧呢？今天，我们就一起来探讨这一个主题。

（设计意图：通过游戏让教师知道"沟通"的重要性，提高教师参与活动的积极性及引出活动的主题。）

（二）问题的产生与解决

1. 图画分析

（1）教师出示幼儿的图画作品，并提问：在这幅画中，你看到了什么？

（2）教师分组讨论：这是一个怎样的小朋友？针对这样的小朋友你会怎样与他交流？（每组将观点写在卡纸上）

图1　结合工作实际谈感受　　　　图2　小组研讨进行时

（3）每组派代表讲述观点。

（4）主持人小结：作为教育者，我们要做一个有心人，要懂得细心观察、认真分析，然后采用不同的沟通方式有针对性地与幼儿交流，从而走进幼儿的心灵。

（设计意图：教师通过对幼儿图画作品的分析，了解幼儿的内心世界，从而采取相应的措施与该幼儿进行沟通，及时给予引导。）

2. 案例模拟

案例：

明明是个很调皮的孩子，每天都有家长向老师投诉自己的孩子被明明欺负了。老师多次向明明妈妈反映情况。

有一次，明明很不高兴地告诉妈妈，今天在幼儿园老师不给玩，妈妈听了，心里很不舒服。

还有一次，自由活动时间，明明从书包里拿出一支"奇怪的笔"，小朋友们都好奇地围着明明。老师看见了，立刻走了过来，接过"奇怪的笔"仔细地观察了一会儿，便问明明："这录音笔是谁送给你的？""妈妈！妈妈说要清楚地知道我在幼儿园的情况，看看我有没有被人欺负……"

（1）教师分组讨论：面对这样的家长，如果是你，你会怎样做？

（2）每组派出代表，模拟案例中的后面部分，把教师的具体做法演绎出来。

主持小结：当家长与教师之间发生矛盾和冲突时，我们应全面了解家长的想法，尊重和理解家长，反思自己的做法，通过沟通和交流，引导家长从幼儿发展的角度出发，接受科学教育的理念，这样就会赢得家长更多的信任。交谈是一种近距离的沟通方式，如果家长和教师能在相互尊重的前提下多沟通、多体谅，共同寻求解决问题的方法，其结果必定是"双赢"的。

（设计意图：通过案例分析，提高教师跟家长沟通的能力。）

3. 分享环节

请教师把自己的感想写在小纸条上，并把纸条贴在黑板上，这样，教师之间可以进行分享、交流。

（三）总结环节：（播放"有爱就有天堂"音乐）

主持人小结：沟通是人与人之间通过信息的交流，彼此相互理解，彼此接纳对方观点、行为，彼此协调达到默契的过程。幼儿教师每天都要面对不一样的孩子，不一样的家长，只要教师能用心去沟通，充分发挥教师的沟通智慧，相信对幼儿的内心世界会有更真实的了解。

【教研反思】

本次教研活动，教师们能发挥集体的智慧，共同探讨有效沟通的重要性，掌握沟通的技巧和方法。在研讨过程中，教师能对教学理论进行深入的了解，对沟通方式进行积极的思考。整个活动，气氛活跃，呈现一幅积极研讨、思维碰撞的场景。

存在的问题：①主持人的活动驾驭能力有待提高；②对教育专业理论知识的了解不够深入、不够全面。

如何架起教师与家长之间沟通的桥梁

【教研背景】

家园沟通是幼儿教育工作的重要组成部分。新《规程》第五十二条明确规定："幼儿园应当主动与幼儿家庭沟通合作，为家长提供科学育儿宣传指导，帮助家长创设良好的家庭教育环境，共同担负教育幼儿的任务。"家园沟通有何意义？沟通的方式有哪些？带着教师们的疑问，我园结合本园实际，设计并开展了本次教研活动，从而有效地提高幼儿园保教工作的质量，促进幼儿全面健康的发展。

【教研目的】

（1）认识沟通在家园共育中的重要性。

（2）为教师提供交流互动的平台，了解沟通的有效策略。

（3）在轻松愉快的氛围下，体会有效沟通带来的愉悦感。

【教研准备】

1. 经验准备

教师收集案例、图片等材料。

2. 知识准备

教师自主学习家园沟通的相关理论和经验，并记录下来。

3. 物质准备

教研活动课件、视频片段、黑板、粉笔。

【教研形式】

头脑风暴、案例分析、游戏体验。

【教研对象】

全体教师。

【教研主持】

刘海鸥。

【教研过程】

（一）互动游戏：听声绘画，导入教研主题

1. 游戏玩法

一人讲述，另一人根据讲述人所描述的内容进行绘画。

2. 游戏规则

第一次：A. 一人描述　　B. 一人绘画　　C. 不可以提问

第二次：A. 一人描述　　B. 一人绘画　　C. 可以提问

提问：为什么两次游戏的结果会有差别？（引出问题——沟通）

3. 小结

沟通就是人与人之间的信息交流。

（二）案例分析，懂得有效沟通的主要策略

1. 在研讨中获取"沟通从心开始"是有效沟通策略的信息

（1）引用小故事，明白用心沟通的重要性。

提问：怎么才能与他人融洽相处呢？就是要进行有效的沟通、进行充分彻底的双向沟通。怎么实现呢？有一个小故事：

一把坚实的大锁挂在铁门上，一根铁杆费了九牛二虎之力，还是无法将它撬开。

钥匙来了，它瘦小的身子钻进锁孔，只轻轻一转，那大锁就"啪"的一声打开了。

铁杆奇怪地问："为什么我费了那么大力气也打不开，而你却轻而易举地就把它打开了呢？"钥匙说："因为我最了解它的心。"

（2）主持人小结：只要你能用心去了解对方，真心地去理解对方，就会形成一条畅通无阻的沟通纽带。这则故事告诉我们：用心去沟通、用心去交流，沟通要从心开始。

2.头脑风暴：在解读案例中，启发教师懂得沟通需从心开始——真诚的沟通态度

（1）逐一出示案例，引导教师解读案例，并思考问题，获取信息。

提问：为什么不同的交谈方式，沟通效果截然不同？

小结："态度决定一切"，若想进行良好的沟通，首先态度要到位。

（2）在故事中，引出重要经验。

有一个有趣的事情，英文字母a、b……z分别赋予1，2……26分，然后将态度与能力两个英文词的字母值相加，你就会发现：态度（attitude）=100分；能力（ability）=90分。

图1　教师积极表达观点

小结：不管怎样，在沟通中，态度很重要，一个人的态度决定了沟通的效果。这就是为什么要求"为人处世要真诚"的道理。

3. 以问题推进，鼓励教师找出策略：从心开始——充分地进行沟通

（1）讲述案例：东东从小体弱多病，像温室中的花朵。家长对于孩子在幼儿园的情况常感到不安。家长每天接送孩子时，总是不厌其烦地询问孩子：在幼儿园喝了多少水？睡觉被子盖好了吗？小便后裤子是否穿好……最后家长把孩子每天接回家午睡。

（2）鼓励教师找出问题，再从问题中找到策略。

提问：为什么孩子会出现这样的情况？孩子出现问题，教师应怎么做？

4. 用录像分析，引导教师挖掘从心开始——沟通要及时的策略

播放录像，教师观看并思考。

思考：你赞同这些教师的做法吗？如果是你，你会怎样做？这两个案例分别说明了沟通应该怎样？

（1）从心开始——充分地进行沟通。

（2）从心开始——沟通要及时。

小结：如果沟通是双方的行为，那么它可以解决一切问题，天下太平；如果沟通是单方的行为，那么它只会扰乱我们，将问题恶化，原本的关心就成了负担，进而厌恶，从此就可能成了敌人。我们进行经常性的双向沟通，建立起家长与教师之间的合作关系，也使幼儿能从中获得最大的利益。毫无疑问，当我们彼此之间互相信赖时，幼儿园的工作一定能赢得家长的主动配合。从现在开始，从心开始，沟通吧！

（三）游戏体验：我猜我猜我猜猜猜，切身体验沟通的重要性

1. 介绍玩法

全体教师分成两组，一人猜，另一人做动作、语言的提示，在提示的过程中不可以说出与屏幕相同的字和与之相关的同音字。

2. 小结

"关爱就是快乐，沟通就是幸福，理解就是万岁，互动就是成功。"

图2　教师乐于参与游戏

【教研反思】

（1）形式多样、生动有趣、贴近生活的教研让教师们能够享受其中，并体现民主、自主的教研氛围，使教师由原来的被动接受型学习状态自觉转化为主动的进取型学习状态。

（2）在教研活动中，教师们明白了"从心开始真诚沟通"，以《幼儿园教育指导纲要（试行）》为指导，充分发掘、利用家长这个丰富的教育资源，进一步拓宽工作思路，努力发挥家长的主动性，密切家园关系，促进家园共育，通过家长工作这个抓手，实现幼儿园教育与家庭教育的同步协调发展，实现家园共育的真正双赢。

（3）活动总有美中不足，虽然本次教研是成功的，但是问题推进时理论支撑还不够充分，因此启发起来有点吃力，如何激发主持人的教研机智是今后要努力的方向。

附：案例分析材料

案例一：

家长：老师，我可以进来和您谈谈吗？

教师：（微笑着用手势示意家长坐下）欢迎！请坐到这儿吧。

家长：你们老师真是辛苦，每天要带那么多的孩子，真是不简单啊！

教师：（一边给家长倒茶）是呀。孩子小，自控能力差，而家长的期望值又那么高，我们的压力真是不小！

家长：（接过茶杯）谢谢！是啊，现在的孩子都是独生子女，每个家庭都对孩子宠爱有加。

教师：是的。独生子女存在的问题确实比较多，孩子不仅生活自理能力差，各种习惯也差。家长一边宠爱孩子，一边又对孩子寄予高期望。哎，可怜天下父母心哪！（摇头，很无奈的样子）哦，我忘了，您是不是有什么话要对我讲？（笑）

家长：（微笑着）是的。我家丽丽最近对跳舞的兴趣特别浓厚，每天嚷着要跳舞给我和她爸爸看，她爸爸看她这么感兴趣就特地给她买了一面大镜子，她对着镜子跳舞可开心了。

教师：哦？可是，在幼儿园我问她是不是不想跳舞，她告诉我说"是"。

家长：会不会丽丽在幼儿园跳舞跟不上同伴，不够自信？

教师：说实话，丽丽对舞蹈的感受力和表现力确实一般。考虑她最近腿脚不方便，我就让她坐在旁边看。

家长：谢谢您为丽丽想得那么多。我和她爸爸看她在家里那么喜欢跳舞，实在不忍心让她只看着小朋友跳舞了。我们猜想她内心还是喜欢跳舞的，您说是不是？

教师：看来是的。

家长：我想，丽丽可能因为腿不好，怕在老师和同伴面前丢脸才说不想跳舞的，她说的可能并不是心里话。

教师：可能是吧。丽丽在幼儿园里表现欲得不到满足，就想在家里得到满足，有这种"补偿"心理是很正常的。是我太大意了，我应该考虑这一点的。对不起，丽丽妈妈，从明天起我就让丽丽"归队"。

家长：（起身）谢谢了！再见！

案例二：

家长：老师，我可以进来和你谈谈吗？

教师：（微笑着用手势示意家长坐下）欢迎！请坐到这儿吧。

家长：很忙是吗？

教师：（一边给家长倒茶）还可以，有什么话就尽管说好了。

家长：（家长以责问的口吻与教师交谈）咱们班每个孩子是不是都参加了舞蹈训练？

教师：是的。

家长：你怎么就不让我家丽丽跳舞？她回家说，每次跳舞老师都让她坐着。

教师：那是因为最近丽丽的腿脚不方便，我问她是不是不想跳，她说"是的"，我这才让她坐在旁边看的。

家长：（家长情绪较为激动）你知不知道她每天回家就嚷着要跳舞给我和她爸爸看，她爸爸看她这么感兴趣，还特地为她买了一面大镜子。这样喜欢跳舞的孩子你说她在幼儿园不想跳舞，谁相信？

教师：可她确实是这样回答我的呀！

家长：你还觉得自己很有道理？

教师：我体谅孩子动作不便，我尊重孩子的意愿有什么错？（语气加重）

家长：可丽丽在家那么喜欢跳舞，你这怎么叫尊重孩子的意愿？（站了起来）

教师：丽丽在家的情况可以向我反映，但完全用不着用这种态度呀？

家长：你这样的态度就好了吗？什么老师？我这就去找园长，如果可以，丽丽最好换个班级。（家长气冲冲地走出教师办公室）

如何提升家园沟通的技巧

【教研背景】

家长工作是幼儿园管理的重要内容之一，家园建立有效的沟通、合作关系，有利于幼儿身心健康发展。经调查发现，我园部分青年教师在与家长沟通方面缺乏技巧，严重影响家园良好关系的建立。针对存在的问题，我园开展了本次教研活动，旨在帮助教师解决实际工作中遇到的困惑，提升教师家园沟通的有效策略。

【活动目的】

（1）在交流、互动、分享的过程中，教师应积极探索做好与家长沟通工作的有效策略。

（2）促进教师专业水平的提升，为教师的教育实践提供支持与帮助。

【活动准备】

1. 经验准备

在活动之前，每位教师认真阅读《幼儿园教育指导纲要（试行）》《家庭教育论文集》《师德教育论文》等教师专业发展指导资料，并做好相关笔记。

2. 物质准备

彩球1个、教研活动课件、记录卡3张、黑板3块。

【教研形式】

头脑风暴、圆桌式互动、Y形式互动。

【参研对象】

工作经验3—10年的青年教师共14人。

【教研主持】

袁庆健。

【教研过程】

（一）热身运动："寻找美德"

主持人：各位教师大家好！我们又相聚在一起了，作为同事，我们相处的时间并不短，彼此也有一定的了解，今天我们就一起分享一下他人所具有的美德。

游戏规则：听音乐传球，音乐停，拿到球的教师上台讲述其中一位教师的美德。例如：从她的工作表现、思想品德、为人处事等方方面面讲，需举例说明。

梁老师：我很欣赏曾老师对幼教工作的热情，每当经过她们班时，都能见到她忙碌的身影，备课、制作教具等等，她对待班上的小朋友就像妈妈对自己的孩子那样充满爱心。

曾老师：我欣赏孔老师对幼教工作的执着和热情，每天都能以灿烂的笑容迎接孩子，像大姐姐一样关心同事，让我们感到很温暖，她的这些做法，体现幼儿教师的美。

……

主持人小结：各位教师都能用心寻找他人的美德，发现别人身上的闪光点，一句句真挚的话语感动着大家，教师们诙谐幽默的语气更拉近了彼此之间的距离。

（二）观看教育案例，引出讨论主题

1. 抛出研讨问题，让教师带着问题，观看幼儿、教师、家长在案例中的行为表现

主持人：我给大家介绍的教育案例是我们在实际工作中经常会遇到的，今天，我们就围绕这个案例开展互动研讨，希望大家各抒己见，将自己的想法与大家进行交流和分享。

案例呈现：

曦曦是一位中班的小朋友，性格比较活泼好动，屁股像是长了刺似的总是坐不住，喜欢到处乱跑，好不容易坐下来也会小声说话或者把椅子弄得咯咯响，影响别人。他每次犯错的时候汤老师都给予批评，回家后，他就向爸爸妈妈告状说："我不喜欢汤老师。"早晨，妈妈送他来幼儿园的时候，汤老师马上热情地迎上去，可是曦曦一看见汤老师就立刻躲到妈妈的身后，而妈妈也像是有防备似的，把孩子搂在背后，不放心把孩子交给汤老师。因此，汤老师感到很困惑。

主持人：在分析案例过程中所需关注的问题有以下几点。

（1）幼儿有些什么样的行为表现？他的心理活动是怎样的？

（2）教师对待孩子的态度是怎样的？你认同吗？

（3）家长的举动是什么原因造成的？

图1 抛出问题互动研讨

蒙老师：我认为孩子一定是很不喜欢而且很害怕这位老师，所以才有这样的反应，家长太爱自己的孩子，看到孩子的反应，肯定出于本能保护自己的孩子，家长的表现也是不相信老师的。

孔老师：我很赞同蒙老师的说法，我在思考孩子有这样的反应是否老师做得不够呢？

……

小结语：刚才教师们都旗帜鲜明、言简意赅地亮出了自己的观点，每个教师都带着自己的思想动起来了，很好。

（设计意图：运用案例，采用圆桌式的发言，让教师们用大胆直观的方式阐述自己的观点，打开大家的话匣子，为下面的研讨做铺垫。）

2. 引发教师对案例分析中出现的问题的思考，交流自己的见解

主持人：每位教师都要发表自己的意见，时间大约在1—2分钟，如果与别人看法相同，请用自己的语言说出个人意见。教师要注意以下几点：

（1）教师的想法哪些是我赞同的，哪些是我质疑的？

（2）哪些是教师没关注到的，而我却关注到的？

（3）哪些是教师没想到的，而我却想到的？

郑老师：我觉得从孩子的表现中可以看出，家长已经对老师失去了信心，

【教研反思】

本活动以游戏—案例分析—小组讨论—经验分享—活动感悟贯穿整个教研过程，教师们能表达自己的见解，碰撞出思维的火花。在交流、分享的过程中，教师们共同探讨出有效的策略，为教师的实践提供支持与帮助。我园会继续以园本教研为抓手，以提升青年教师的教育专业水平为准绳，持续开展园本教研活动。

如何做好家园沟通工作

【活动背景】

幼儿园的教育是一件很复杂的事情，不是家庭一方或幼儿园一方可以单独胜任的，必须家园双方共同合作，方能取得充分的功效。幼儿园一方应充分利用各种手段与家长沟通，因地制宜地引导家长全面参与幼儿园的教育活动，实现家园教育的同步进行。如何做好家园互动？如何通过各种手段发挥家长的主体作用，提高家庭教育指导的效果？这些都是一直困扰着我们的问题。因此，"如何做好家园沟通"是非常值得我们探讨的话题。

【教研目标】

（1）提升家园沟通的技巧，营造良好的家园共育环境。

（2）积极探索家园沟通策略，形成家园互动的良好局面。

【教研准备】

1. 经验准备

提前熟读《幼儿园教育指导纲要》。

2. 知识准备

收集案例，找出家园沟通的技巧。

3. 物质准备

纸、笔、游戏音乐。

【教研形式】

游戏体验、案例分析。

【教研对象】

各班班主任。

【教研主持】

潘惠颜。

【教研过程】

（一）游戏互动

主持人：我们先来玩一个"比手划脚"的游戏。

游戏规则：

（1）图形贴于黑板后。

（2）人只能站在黑板后，不可走出来，有30秒思考时间。

（3）描述第1图时，台下的教师只允许听，不允许提问。（单向沟通）

（4）描述第2图时，教师们可以发问。（双向沟通）

（5）教师们根据描述，分别把答案写在纸上，描述完后，统计单相沟通和双向沟通后教师们答对的人数。

游戏分析：

（1）哪个图形的答案正确率更高？

（2）这个游戏给了大家什么启示？

小结：双向沟通可以了解更多信息，因此，双向沟通比单向沟通更有效。在我们与家长沟通时，不能只是我说你听，或你说我听，一定要双向沟通，才能达到好的效果。

（二）案例分析

主持人：今天，我们就以教师在实际工作中遇到的案例展开研讨，希望大家能各抒己见，将自己的想法和做法与大家交流、分享。

1.案例呈现

随着时间的流逝，家长关注幼儿的重点从原来的吃什么、睡得好吗？转移到今天学什么，幼儿的进步怎样？明明是我园大班的小朋友，个子长得高高的，平时上课也能认真听讲，可妈妈近来向我反映，回家后问孩子今天学什么了，他总是说不知道，希望老师在幼儿园多督促他，多注意他，提醒他上课专心，并把所学的东西记在脑子里，回家和妈妈分享。听了妈妈的话，我就开始注意他，每次活动后，我就找他问问上课的内容，果然，一问三不知，于是我就和他妈妈进行了联系，并及时与妈妈沟通，据妈妈介绍孩子在家不愿意学习，对学习不感兴趣，在家里也不是很听话。

2. 案例分析：组织教师进行研讨

主持人：家庭和幼儿园是影响幼儿身心发展的两大方面，这两方面对幼儿的影响必须同方向、同步调才能达到成功的效果。

（1）研讨：在这个案例中，您是怎样教育孩子的？说说自己的做法。

① 多观察小朋友，注意他的每一个细节。

② 多与幼儿谈话、聊天，做幼儿的好朋友，让幼儿感觉老师在关心他，逐步让幼儿主动把自己的内心所想告知老师。

图1 小组互动研讨中

③ 在课堂上多提问他，让幼儿感觉到老师在注意他，重视他。

④ 善于发现幼儿间的差异，以及闪光点，及时表扬，从而增加幼儿的自信心。

（2）在这个案例中，我们要如何取得家长的信任，使家长乐意支持和配合我们的工作呢？

① 首先，教师应及时将观察到的情况向家长反映，与家长交流、分享进步的做法。

② 其次，教师与家长建立友好的朋友关系。

③ 最后，让家长明白，教育好孩子是教师和家长的共同责任，向家长讲述一些家园共育的成功案例，让家长知道家园共育的重要性，有利于增强家长配合的积极性。

主持人：刚才我们的教师都对这两个问题做出了不同的意见交流，都认为家园沟通在我们的工作中是一件必不可少，而且非常有学问的事，并且我们知道在日常工作中要学会有技巧地与家长沟通，做好了家长的工作，我们的工作就可以很好地开展，还可以从家长口中得到更多有效的教育信息。

3. 交流分享：如何提高教师和家长的沟通技巧？

（1）教师应讲究与家长交流的语言艺术。

主持人：教师应客观地向家长告知孩子在幼儿园的情况，而不应掺杂主观色彩和情绪。教师应该用平和的语气，委婉的态度，一分为二的观点与家长交流，可以先向家长介绍一些孩子的优点，再说孩子不足之处或需要改正的地方，这样，便于家长接受。

（2）教师应耐心指导家长运用科学的育儿方式教育孩子。

主持人：教师是有一定育儿知识的人员，遇到问题应通过各种方式启发、引导家长，让他们了解孩子的身心特点，更新教育观念，掌握正确的育儿方法。

（3）教师应以"换位思考"的思维方式与家长沟通。

主持人：如今，幼儿园里的教师年轻化，有的教师还没有为人父母的角色体验，这就要求教师了解父母的角色，并从父母的角度去体会家长的心情和需求。

（4）教师应通过多种渠道，采取多种方法与家长沟通。

主持人：教师与家长的沟通双方都有责任，但教师更应主动些，并且要努力为沟通渠道创造条件，教师与家长的沟通，主要靠教师做出努力。教师常常要换位思考，善于与不同类型的家长相处，遭到家长误解时教师要保持冷静，善于自控；遇到矛盾时，教师要主动反思，为畅通渠道做出努力。幼教工作的最终目的在于实现家园合作，共同为幼儿奠定良好的素质基础。教师与家长沟通的艺术，关键在于教师与家长间建立相互信任，相互尊重，相互支持的伙伴关系与亲密感情。

（三）说说感受

主持人：今天我们一同经历了这样的教研活动，下面请大家用一句话来说说，今天的活动给你们最深的感受是什么？（教师各说出自己的感受）

（四）活动小结

主持人：幼儿园的专业引领者组织教师开展轻松、愉悦的教研活动，让教师以自己教育生涯中所积累的经验去看待问题、分析问题，在交流中碰撞出智慧的火花！使研讨深入、实效地解决教师问题，使园本教研更具针对性和有效性。

【教研反思】

教师们通过群体间的合作、交流、对话，有效地解决了教育教学工作中的实际问题。本次活动较好地体现了教师们的合作精神，大家能积极研讨、各抒己见，达到了较为理想的效果，充分感受到活动给教师们带来的乐趣。

存在的问题：教师对家园共育方面的理论知识仍有待提高，还须加强学习。今后，我园会继续开展研讨交流活动，多学习一些家园共育知识，更好地提高家园沟通工作的有效性。

（二）问题探讨：与家长沟通有效的策略

1. 共同解决与家长沟通时曾遇到过的困难

各小组组织研讨，为时10分钟，将研讨后的结果记录在纸条上。主持人将问题归纳成四点：

（1）教师与家长沟通时不知道要说什么——沟通前。

（2）教师与家长沟通的时间太长——沟通时。

（3）家长对于教师的教育方式表示不支持——沟通后。

（4）不信任教师、看不起教师——搭建家园沟通的桥梁。

2. 分组讨论：探讨有效的沟通策略

由各小组长抽签，组内集体协作，根据以上问题共同探讨解决策略。

第一小组：教师与家长沟通时不知道要说什么——沟通前。

探讨结果：教师要先了解幼儿的基本资料，例如，家庭状况、学习情形、生活作息等。教师多倾听、多观察、多记录；依据教师个人的特质，选择适合自己的沟通方式；自我口才训练，提升与家长的沟通能力。

图2　针对日常沟通问题，商讨对策

第二小组：教师与家长沟通的时间太长——沟通时。

探讨结果：教师诚挚并点到即止地夸奖幼儿的优点；简单提出一至两项可行的建议，供家长参考。

第三小组：家长对于教师的教育方式表示不支持——沟通后。

探讨结果：教师记录访谈摘要，了解家长需求；肯定家长的建议，响应并落实家长的意见；反思与家长沟通过程中存在的问题。

第四小组：家长不信任教师、看不起教师——搭建家园沟通的桥梁。

探讨结果：教师及时反馈幼儿的情况，并给予解决的建议，帮助家长解困；要表现教师的专业水平，以争取家长的认同。教师应建立多种的交流方式：意见箱、联络本、育儿专栏、短信交流、家长会、教学展示活动等等。

3. 主持人小结

沟通是一门学问，也是一门艺术。只要我们多点倾听，多点理解，根据不同的情况采用不同的方式，以诚交流，一定能在家园之间架起信任的桥梁。

（设计意图：通过集体的探讨，共同想出对策，以达到经验互补、互用的效果。）

（三）案例分析："孩子挨打之后"

案例内容：

明明是个特别爱打人的孩子，经常有小朋友说被他打。问明明原因，他说："爸爸说不管是谁碰到我就要打他……"那天，老师正好碰上明明被同伴打了。放学的时候，明明的爸爸来幼儿园接明明……

提出问题：如果您是这位老师，您会如何处理？

（1）分组讨论：各小组组织研讨，为时10分钟，谈谈自己的观点及具体做法。

（2）情景演绎：分小组将本组的讨论结果做现场情景演绎。

（3）小结：刚才，大家在故事演绎中将已知的沟通技巧展示出来，相信大家在日后的工作中能更有自信、有智慧地与家长交流，使自己的教育教学工作顺利开展。

图3　思维碰撞，共同提升

（设计意图：通过案例分析和演绎，让教师将经验再次运用和提升，从而更有信心地面对不同类型案例。）

（四）总结感悟：达成共识

主持人总结：通过今天的研讨，相信我们能达成以下共识。家长工作关键在于沟通，"沟通应从心开始！"在工作中如果我们把解决问题的方式建立在理解、沟通、换位思考的基础上，就能够事半功倍。相信经过今天的活动，大家一定会有所收获，并能在今后的家长工作中表现得更睿智、更游刃有余。

（五）舞蹈放松：让爱传出去

组织带动全体参与的教师进行舞蹈放松，缓解紧张的研讨气氛。

【教研反思】

通过研讨活动，教师们不同程度地获得与家长进行有效沟通的各种方法，解决了教师与家长沟通过程中存在的问题；同时，让教师们认识到，教师与家长之间的沟通已经成为现代教育不可缺少的部分。只有教师自身的素质不断提升，形成热爱孩子、热爱教育事业的高尚师德、品质，用心去教育孩子、真诚地与家长沟通，才是解决问题的根本。

附：游戏"猜画"图片

如何对新教师进行家园沟通培训工作

【教研背景】

在工作中，家长对教师，特别是青年教师的一些教育方式、手段会存有质疑，例如：教师这么年轻，她能照顾好孩子吗？刚刚毕业，她能够教孩子？等等。因为这些质疑，某些家长往往不愿意相信、配合教师的工作，而教师也会经常被这种质疑影响工作状态。长此以往，既不利于教师开展教育工作，又影响孩子的健康成长。针对上述情况，我园组织开展了本次教研活动，希望以此为突破口，引导教师有效地进行家园沟通。

【教研目标】

（1）通过开展本次教研活动，让青年教师意识到家园沟通的重要性，反思自己平时与家长沟通时存在的问题。

（2）通过观摩、答辩、经验分享等教研形式，让青年教师明白幼儿园教育和家庭教育必须紧密配合，才能取得良好的教育效果。

【教研准备】

1. 物质准备

电教设备、白纸和笔若干；黄、白、红、蓝萝卜头饰若干个。

2. 知识准备

教师学习家园共育的资料。

【教研形式】

案例分析、经验交流、总结提升。

【教研对象】

工作不满三年的青年教师。

【教研主持】

杨侠。

【教研过程】

（一）案例分析——通过观看小品，抛出问题

1. 观看小品《宝宝受伤了》

小品简介：宝宝的妈妈下午来接孩子时，发现孩子的脸上有一抹淤青。她便向值班的贺老师咨询："怎么孩子脸上有淤青，是不是被打了，还是被撞了？"何老师轻描淡写地回答："我也不知道，可能是在户外活动时撞的吧！没事的，过两天就好了。"宝宝的妈妈听完，一脸的不高兴就带孩子离开了幼儿园。第二天，宝宝脸上的淤青颜色更深了，妈妈看了更心疼，但还是把宝宝带回了幼儿园。何老师见到宝宝回园，打了声招呼，就叫孩子坐下吃早餐了，宝宝的妈妈一直在窗口徘徊，迟迟才离去。

2. 问题

宝宝的妈妈心里是怎样的感受？如果你是宝宝的妈妈，你会怎么做？这位何老师在对宝宝这件事的处理上，你感觉怎么样？如果你遇到这样的问题，你怎么解决？

3. 教师不记名写小纸条，并把它贴在黑板上，进行讨论

（1）其实，孩子在幼儿园磕磕碰碰是难免的，教师向家长如实交代清楚就行了。

（2）宝宝的妈妈可能太紧张自己的孩子了，哪有孩子不摔倒的，过几天就好了。

（3）宝宝的妈妈肯定很心疼，碍于给老师面子，不便发作。

（4）如果我是贺老师，首先向家长承认自己工作的疏忽，并马上向当班老师和孩子了解情况，其次带孩子到医务室去处理淤青。第二天，妈妈送孩子回园时，要热情关切地问孩子的情况，让妈妈放心，并向妈妈保证，孩子在幼儿园我们会尽量照顾好她。

（5）如果我是妈妈，我一定会很生气，怎么何老师一点都不负责任，孩子脸上都淤青了，她怎么表现得漠不关心，哎！

（6）何老师在向妈妈解释方面，太过于简单，不负责任，并且对孩子不够关心。

主持人小结：教师们刚才都选择4，5，6答案，恭喜我们的教师，都意识到了良好沟通的重要性。一件在幼儿园里经常发生的事，往往会让我们感觉是小事而忽视了它。当你没有妥当处理好它时，它会发展成影响你工作的大事。其实，这是一件真实的案例，结果是这位妈妈到幼儿园领导处反映了这位贺老

图1　现场研讨气氛活跃

师，说贺老师不负责任、没有爱心，对孩子漠然，并且，这位妈妈在与其他家长交流时也会说起这件事，这让贺老师的形象在其他家长的心里也大打折扣。教师如何与家长沟通、交流是一门艺术，特别是现在很多独生子女的家庭，孩子在家犹如一个"小皇帝"，几个大人宠着，到了幼儿园以后，许多父母就会担心这，担心那，因此，教师如何与家长进行沟通是开展好家长工作的重要渠道。

（二）参与式游戏——结对子抢答游戏，学习有效沟通技巧

1. 玩法

在游戏中将参与人员分成两组。每组2名家长，5名新教师。当主持人读题时，各组抢答，并要举例说出观点。

2. 设定题目

（1）教师采用多种形式与家长沟通。

（2）教师要努力提高自身素质，特别要提高思想素质。

（3）教师要抓住教育契机，做好接班工作，给家长留下良好的第一印象。

（4）教师要重视电话访问工作。

（5）教师要讲究与家长的谈话艺术。

（6）教师应怎样与家长谈孩子的缺点。

（7）教师如何说服家长。

（8）教师给家长传授教育的理论和技巧，当好家教的导演。

（9）教师怎样帮助幼儿处理家庭矛盾。

（10）教师关注幼儿的优点。

3. 主持人小结

和家长沟通是一个深奥的学问，但我相信，只要我们做个有心人，将孩子在各领域发展中的点点滴滴及时向家长汇报，尤其是家长特别关注的问题，我们要在日常工作中认真观察，细致指导，耐心细致地向家长反映情况，让家长知道教师了解孩子，关注孩子，他的孩子在教师心中占有很重要的位置，教师会为孩子的进步而高兴，为孩子的失败而难过。用细致的工作感动家长，让家长相信我们，支持我们！让家园共育的合力促进孩子更快、更好地发展。

（三）经验交流——家长工作经验分享

主持人：我园的杨老师在家园工作这方面很有经验，他们班的家长总是在集体活动、家园亲子活动中表现得最支持、最活跃，使家园氛围很和谐，现在请杨老师来和大家分享这方面的心得、经验。（附：工作经验分享心得一份）

图2　经验交流，思维碰撞

（四）游戏：我的美好

规则：将参与者分成四组，每组人手牵着手围成一圈，给每组人以颜色或数字命名，任意指定一组萝卜开始统一下蹲，同时要念词，再指定别的萝卜组做同样动作，目标要一致，依此类推但不能马上回指。游戏中反应慢的一组，派一位教师出来说出自己在家长沟通工作中做得好的地方，鼓励自己。

（五）主持人总结

主持人：幼儿园、家庭是幼儿发展中影响最大、最直接的微观环境，作为幼儿最早接触的社会文化环境，它对幼儿发展所起的作用，是其他任何因素所不可比拟的。我们深知家长的作用、家长工作的重要，孩子的成长时刻离不开家庭的教育，父母的言行举止对孩子都有着言传身教、陶冶性情和潜移默化的作用，教师要和家长拧成一股绳、心往一处想、劲往一处使。而幼儿园的发展则更离不开家长的支持和信任，我们要做有心人，只要我们全心全意地投入本职工作，相信所有的家长都会成为我们永远的朋友，将家园共育这首歌曲谱写得更加动听。

【教研反思】

本次的教研活动主要是针对青年教师的互动研讨，在轻松、愉悦的氛围中，使青年教师从不说到主动说，从被动接受到主动参与，让集体教研更具魅力。从中可以看出，教师们在自己的班级管理工作中确实遇到过类似的问题，也意识到家长工作的顺利与否直接影响自己教育工作的效果。因此，大家找到共同的难题，共同研究，集体找出一些行之有效的策略。教师们清楚地认识到，专业成长的空间是无限的，这需要教师们在长期的教育教学实践中不懈地学习，不断地实践，才能不断完善，尽快成长。

附：工作经验分享心得

如何有效做好家长工作

——班级管理工作心得

在与班级老师交流时，大家都会有同一种感觉：我们的孩子不难带。但我们老师与家长的沟通工作更难做，更让我们感觉到棘手。是的，一个班的家长工作做得好不好，直接关系和影响我们的工作是否可以顺利开展。现就我的一些做法和大家分享。

一、完善班级工作，创造同心、和睦的工作环境

我们要做好家长工作，就要完善自己班的工作。首先把幼儿园的指导方向，工作安排，班级工作情况，育儿常识事先沟通好，方便家长咨询起来老师可以对答，增加家长的信任度。其次是家长与老师同心，步调一致。在家长面前绝不允许出现班级老师的意见分歧和对另外老师的指责。这样，除了家长会不信任班级老师，也会令班级老师进行分化。如果老师出现了意见上的不统一，也要等到家长离开后，班级老师私底下商量好，再由班主任进行协调，解决。班级老师和睦、愉快相处的气氛不仅会提高我们对工作的热忱和效率，还

会感染孩子、家长。我和家长聊天时，他们也会提及这方面的感觉。有一句话说得好——团结就是力量。一个团结的团队可以将难题一一击破，无论是班级工作，还是家长工作。

二、家长工作

1. 重视第一次交流

老师与家长成功的第一次见面，对话，是良好的开端。如何做到成功呢？那就要下功夫了，首先，老师要借助幼儿园的新生入园登记表进行新生摸底，对孩子的情况有一个具体的了解（不是随便知道名字和性别）而是包括孩子生活的家庭情况、生活饮食，以及特殊的生活方式都要关注。其次，老师要借助理论指导自我充电。老师对自己所带班级孩子的教养指导，幼儿园的办园及教育理念，班务工作程序都要熟悉。做完这些工作后，老师再约家长面谈或电话家访。充分的准备工作会让老师在家长面前自信起来，展示自己的风采，让家长肯定了你的工作业务能力和对自己孩子的关注，才会愿意将孩子交到你手上。

2. 重视孩子的展示

家长最关注的是孩子的发展，我们的最终目的是孩子的全面发展。如何让家长了解孩子的发展呢？我们班会抓住每一次可以展示的机会，例如：定期更换家园联系栏，展示幼儿的绘画作品、新学的歌曲、故事的内容，及教学活动花絮流程。每次的家长半天观摩活动、幼儿汇报表演、亲子活动等等，只要有这些活动就会充分准备，让活动丰富并顺利开展，让家长感受到老师的付出、孩子的收获。

3. 重视家长的参与

每次活动前老师会介绍活动的内容和活动的作用，鼓励家长参与幼儿园的活动，如果老师的话不起作用，就让幼儿给家长做工作。当然，家长确实有困难的我们也表示理解和遗憾，并希望他们下次可以参与。在活动中老师会尽量让家长感觉到，他们是孩子的偶像、榜样。有了他们的参与，孩子会更开心，孩子受了他们的感染会得到发展。从上一届男士版的《天鹅舞》到今年毕业典礼的四十几位家长演出的《服装秀》就是很好的例子，都是家长主动参与的，并且每次排练都很准时和认真，演出的成功让家长和孩子都收获了喜悦与快乐。

4.重视家长会

我认为家长会是让我们解决家长疑惑、传递我们工作教育信息的一种很好的方式。每次家长会我都会找出班级的工作亮点、教育模式和家长存在的问题进行展示和诠释。例如：（播放视频）家长一直不理解老师为什么不给孩子穿带绳子的鞋和衣物，是不是老师懒。后来，在一次户外活动时，一位幼儿穿着带绳子的裤子进行活动时，绳子卷入了轮子中，缠绕了很多圈，老师帮忙解开都非常费力，非常危险。当我把这段视频在家长会中播放后，在班上不再发现有类似的服装、鞋出现。以后，家长也很自觉地配合老师的安全教育工作了。

5. 重视与家长的沟通

每天家长接送孩子时间，也是我们工作的重头戏。每位家长我们都会与他打招呼，并且根据幼儿情况进行家访谈话。除此，我们还会留心观察家长的心情、表情来判断他是否需要我们老师的谈话。例如：有的家长比较寡言、内向，可是他十分想了解孩子的情况，又不好意思找老师说，这时候老师应主动与家长进行交流。其实，有的家长热情，比较容易相处，有的家长冷淡，不易让人亲近，有的家长挑剔，不理解我们工作。但是，这些家长都有着"宝贝"着他们"宝贝"的心。只要老师与他们说的都是关于孩子成长的话题，让他们感受到你也在关注、爱他们的孩子，相信他们不会拒我们于千里之外。同时，老师与家长沟通要讲究方法，根据不同家长教养的需要进行交谈，例如：奶奶级的家长关注的是孩子的起居、饮食、身体状况；妈妈级的家长关注的是孩子智力、学习、游戏、活动方面的情况。有的家长需要听一些称赞自己孩子的语言，有的家长喜欢听到老师对孩子正确的评价。因此，老师与家长在交谈中尽量实事求是。老师与家长沟通后要及时地对访谈内容进行反应，不要说过就过了。例如：家长交代的事情，孩子的身体状况等，我们老师都要认真的完成，如果有遗漏的要诚恳地向家长解释。其实，在老师与家长交流时就可以发现家长对我们工作的需求。

赢得一个家长就等于赢得一个孩子！只要我们付出了，就会有收获。家长的肯定与支持，就是对我们辛苦工作的回报。老师把家长工作做得扎实、到位，既有利于班级工作的开展，又有利于孩子的发展，从而获得社会对我们工作的肯定、认同！

如何提高教师说课技巧

【教研背景】

每次教学活动后，教师们总会有各种各样的体会和想法，既有成功后的喜悦，又有失败后的沮丧，但更多的是对教学活动中出现的问题进行反思。在这过程中，我们发现教师对反思型说课已有一定的认识和了解，但在说课时如何引起听课者共鸣这方面，仍需要深入探讨。因此，我园开展了"反思型说课"的教研活动。

【教研目的】

（1）提供互相交流的学习平台，让教师在交流教学经验中获益和成长，提高教研成效。

（2）通过交流和研讨，让教师了解说课中蕴涵的教育原理、教学原则，学习解决实际问题的方法。

【教研准备】

1. 物质准备

教研活动课件、报纸、小礼品（自定）、白纸、白板笔。

2. 经验准备

教师先观看教学实录。

【教研形式】

课例分析、头脑风暴、体验游戏。

【教研对象】

全体教师。

【教研主持】

杨侠。

【活动过程】

（一）案例解析

（1）大班综合活动《报纸先生》教学实录中执教者黄翠芳老师反思后说课。

（2）主持人：请教师们结合自身经验，谈谈对黄老师说课的看法或建议。

（3）教师讨论、发言。

A教师：黄老师本次活动组织得很好，但在说课环节并没有把活动最精彩的部分"说"出来。

图1　案例解析，积极思考

B教师：黄老师的讲述比较笼统，只阐述了活动的主要内容。

C教师：黄老师的说课给人感觉比较生硬，像在背诵文稿。

D教师：黄老师仅对调动活动气氛方面进行反思，内容单一。。

（4）主持人：其实黄老师在反思说课中存在的问题，也是教师们的薄弱之处。除此之外，教师们在反思说课的过程中还存在什么疑惑或者遇到什么问题，大家一起研讨解决。

（5）教师举例说明困惑。

（6）教师讨论、发言。

（7）主持人小结：刚才教师们都很积极，积聚集体力量提出了很多行之有效的策略。

确实"反思型说课"的内容不必面面俱到，应把关注的重点放在教学过程，叙述教学的理念、策略，及教学过程中师生之间的互动以及教师内心的真实体会与感受上。要求教师站在理论的高度以实事求是的科学态度对自己的教学活动做出科学的分析和积极的反思，反思教学中存在的问题，并提出行之有效的教学策略。

（二）理论知识回顾，重温关于"园本教研"和"反思型说课"的相关知识

（1）游戏《快速抢答》。游戏规则：主持人出示题目，发出抢答指令，参与教研的教师进行抢答，抢答正确的教师，到曾主任处抽取奖品。

（2）问题："园本教研"是指以幼儿园发展过程中所遇到的实际问题为研究对象，以幼儿园教师为研究主体，运用一定的研究方法开展的旨在促进幼儿园发展的研究活动的总称。

（3）课后的"反思型说课"有助于教师在复杂的教育情境中定位教学目标，把握教学内容，选择有效的教学方法。

（4）"反思型说课"的内容一般包括以下几个方面：说特色、说亮点、说不足、说改进。

（5）依据现代教学观和方法论，"反思型说课"必须遵循以下几条原则。

①说理精辟，突出思想性。

②客观真实，注重操作性。

③不拘形式，讲究灵活性。

（6）课后反思型说课"要求教师不仅要说教什么、怎么教，还要说出为什么这样教，分析反思教学行为的优缺点，以及改进策略"。

图2　思维碰撞，积极发言

主持人：美国著名学者波斯纳说过："没有反思的经验是狭窄的经验，只有经过反思的经验方能上升到一定的理论高度，并对后继教学行为产生影响。"现代幼儿教师应该学会在实践中反思，在反思中成长。今天我们开展了"如何提高教师的说课技巧"的教研活动，接下来我们请教师分享参与此次研讨活动的感受。

（三）教师分享参与此次教研活动的感受

1. 教师分享感受

A教师：我明白了说课不仅是讲述教学活动流程，更重要的是要思考自己在组织活动中存在的问题，并提出行之有效的解决策略。

B教师：今天的活动让我明白了说课的意义，日后我也要养成反思的习惯，不断提升自己的教学能力。

C教师：我很喜欢参加共同研讨问题的解决策略的教研活动。

D教师：如何用既清晰又精练的语言阐述自己的活动，是我要努力的方向。

E教师：如何多角度地对自己的教学活动进行反思，是我要学习的内容。

2. 主持人小结

听了大家的分享，我感受到教师们都受益匪浅，希望下次的教研活动，教师们也能像今天一样积极参与，不断努力提高自己的业务水平。

【教研反思】

在教研活动中，教师们都能积极地表达自己的看法，研讨、分析彼此在说课中的困惑，对说课有了更深层次的认识和了解。教师一旦以研究者的心态去面对教研工作，就会以研究者的方式真诚地投入、深入地思考，从中获取新的教学智慧，就会提升教师的专业生活品质。俗话说：态度决定高度，相信用这样的态度去工作、学习，一定会促使我们每一位教师得到专业的成长。

附：教案

大班综合活动——报纸先生

【活动目标】

（1）学习在生活情景游戏中与同伴合作并拓展经验。

（2）尝试用肢体动作表现报纸。

（3）探索玩报纸的多种方法，体验玩报纸的乐趣。

【活动准备】

1. 物质准备

报纸若干、塑料筐两个、大报纸拼成的"汽车"、音乐磁带。

2. 经验准备

孩子有搭汽车的经历。

【活动过程】

（一）自主游戏——玩报纸

播放音乐，请幼儿与教师自由探索报纸的玩法，可以一个人玩，也可以和同伴合作玩。

（二）合作游戏——站报纸

1. 引入"站报纸"游戏

师：你们玩法真多！我发现有几个小朋友玩的站报纸游戏特别有意思，他们站在报纸上，不落在报纸外面，我们也来试试看。

2. 讨论游戏人数

师：一张报纸站多少人才会既不觉得拥挤，又不会让其他人把脚落在报纸外面。（教师给幼儿3分钟时间去实践，证实自己的结论）

3. 自由选择好朋友作为游戏伙伴

师：现在你们有结果了吗？一张报纸到底站几个小朋友是最合适的？（得出3人的结果）那我们就3个好朋友一起做游戏吧！

4. 理解游戏规则

请大家听口令围着报纸跑，口令停后，三个好朋友必须都站在报纸上，谁若站到报纸外就失败了。（每组派一个代表来拿一张报纸把它铺好）

5. 幼儿游戏

（1）第一轮游戏：一整张报纸。

（2）第二轮游戏：把报纸对折一半——请幼儿试想能否成功——幼儿站报纸——请合作得好的一组幼儿示范——大家用好方法再游戏一次。

（3）情境探索游戏：乘报纸车。

师：我为大家准备了一辆报纸汽车！我来做司机！你们都是我的小乘客，大家赶紧上车吧！

师：大家都上了这辆车，但是车还不能出发，你们知道为什么吗？迅速调整！（幼儿调整座位）；现在哪些乘客找到座位了？还有几个小朋友没座位，他们站在汽车的过道上，这样安全吗？那大家来想想办法吧！（幼儿想办法）

6. 放松游戏：假如我是一张纸

师：我们也来做一回小报纸吧！（幼儿随教师的口令听音乐做动作）

如何科学制订幼儿一日生活

【教研背景】

针对教师在制订周计划中出现不合理或错漏的现象，同时鉴于教师们反映制订周计划时有难度，让他们倍感压力的问题，也为了让教师对如何科学制订周计划有更深入、更透彻的认识和了解，制订目标准确、内容丰富合理的一日生活安排，从而优化幼儿园班级一日生活管理，让一日生活各环节的质量更有保障，我园开展"优化班级一日生活管理之周计划制订"的教研活动。

【教研目的】

（1）让教师对周计划制订的意义有更深入的认识和更透彻的了解。

（2）让一日生活计划能更有序、有效地开展落实，优化幼儿园班级一日生活管理，保障一日生活各环节更有规律。

【教研准备】

1. 知识准备

教师们熟悉《广东省幼儿园一日活动指引（试行）》内容。

2. 物质准备

教研活动课件、周计划（电子版）、课程表3份、任课表3份、周计划空表人手1份、1—4数字抽签卡。以级组为单位，每级自带一台手提电脑。每班带一份《广东省幼儿园一日活动指引（试行）》材料。

【教研形式】

案例分析。

【教研对象】

全园教师。

【教研主持】

何宝琴。

【教研过程】

（一）各抒己见

（1）提问：什么是周计划？为什么要制订周计划？

周计划是以一周为单位，通过幼儿园或级组事先规划的教育教学内容，综合考虑各种因素，而制订出符合班级实际情况的计划。

《教学管理指导手册》：制订科学的工作计划。计划必须体现素质教育，符合幼儿园教学实际，体现办园特色。拟定计划，必须符合幼儿园课程标准要求，符合幼儿实际，要做到内容科学，任务明确，操作性强。

《幼儿园教师专业标准》：制订阶段性的教育活动计划，合理安排一日生活的各个环节，将教育灵活地渗透到一日生活中，提供符合幼儿兴趣需要、年龄特点和发展目标的游戏条件。

《3-6岁儿童学习与发展指南》和《指引》更是强调幼儿园一日生活各环节的重要性，偏重或轻视任何一个环节都可能破坏幼儿生活整体的平衡，给幼儿的学习与发展带来偏差。

对于教师来说，周计划是针对所制定的目标、任务、计划，在一周内有效、准确地完成。周计划其实是每周所进行的各个活动环节的计划方案，有了它我们才能更有序地开展一日生活各环节活动，获得相应的预期效果；同时，帮助教师养成做计划的习惯。

对于幼儿来说，周计划能更好地帮助他们养成良好的习惯，能让一日生活各环节更有规律、更有保障，对幼儿不同阶段的成长具有非常重要的意义和促进作用。

（2）出示周计划范例三份，每组一份，用红笔揪出错处。（5分钟）

派代表上台讲解级组的发现，其他组的教师可以补答。

（3）主持人展示错误的画圈处，让教师们进一步了解周计划。

（4）活动小结：周计划范例里面出现的问题正是第2周各班周计划出现的问题的集合。在此分享马克思的一段话："蜜蜂建筑蜂房的本领使人间的许多建筑师感到惭愧。但是，最蹩脚的建筑师从一开始就比最灵巧的蜜蜂高明的地方，是他在用蜂蜡建筑蜂房以前，已经在自己的头脑中把它建成了。"这段话凸显了建筑师的高明之处，而提前做计划正是建筑师的取胜之道。同理，教师把每周的周计划制订好，也是让幼儿一日生活各环节更有规律、更有保障的好方法。

表1　西樵中心幼儿园　大六班　第 2 周教育活动安排表

教师：张三、李四、王五　　　2016年9月5日—9月9日

环境创设及区域材料投放	1. 在"开心图书屋"，营造阅读氛围，引导孩子安静的自己看书。 2. 在主题墙增添"我升大班啦"的照片，激发孩子上大班的自豪感。				
自主游戏活动	区域名称： 本周观察重点： 1. 观察孩子在活动中能否与同伴友好相处（轮流玩或要经他人同意才拿别人的东西）。 2. 观察孩子在活动中的分工合作能力。				
习惯品德培养	1. 引导幼儿养成自觉收拾东西，整理物品的好习惯。 2. 引导幼儿认真听别人说话，养成良好的倾听习惯。				
家园互动	1. 请家长引导孩子熟记父母的名字、电话和家庭地址。 2. 请家长督促幼儿每天参加早操活动。				
教育目标	时间	星期一	星期二	星期三	星期四	星期五
1. 通过游戏加强孩子的常规教育。	7：30—8：50 晨练/早谈	晨间： 扔沙包 早谈：我的假期~	晨间： 沙池~ 早谈：我的好朋友是~	晨间： 滑滑梯 早谈：我喜欢~	晨间： 拍球~ 早谈：如何整理物品~	晨间： 单车 早谈：介绍爸爸妈妈的名字

续 表

教育目标	时间	星期一	星期二	星期三	星期四	星期五
2.引导幼儿学会自己有纪律的排队。	8:50—9:50 学习活动	语言活动：小胖小（张）	邦宝活动：塔顶房、别墅（李）	美术活动：轮船（陈）音乐活动：懒学精（张）	体育活动：看谁跳得远（何）	数学活动：高矮测量（张）
		健康活动：我知道怎么办？（一）（李）		小钟琴（张）	语言活动：好听故事我来讲（李）	
3.体验儿歌顶真手法所造成的幽默感。	10:00—11:00 自主游戏/体育活动	自主游戏活动	赛跑	彩虹伞篮球（何）	快乐涂鸦篮球（何）	平衡车篮球(何)
	11:15—12:00	午餐、散步				
	14:40—14:50	穴位按摩操				
4.通过操作活动，学习自然测量，同时对高矮排序进行复习。	3:15—4:15 自主游戏/体育活动					
	4:20—5:10 离园活动	儿歌串烧	快乐画一画	一起来认字	拼拼乐	快乐读英语
	本周小结					

（二）集思广益

（1）分级组进行第3周周计划的制订，时间为15—20分钟。各组参考派发的课程表、任课表，使用手提电脑填写周计划。

（2）逐一展示周计划，另两个级组教师检查是否有误。（随机发言）

（3）活动小结：三个臭皮匠抵个诸葛亮。刚才我们一共多少人做一份周计划？可见集体的智慧力量是非常大的。

（三）计划解析

1. 列举存在的问题

（1）出现简单问题重复错现象，如："大二班班"，教师名字没写全名，每次周计划都分成两页，周计划中

图1　集思广益，共同制订周计划

文字字体忽大忽小，上周周计划小结忘记填写，等等。

（2）出现雷打不动不改不换现象，如：教师休产假、婚假、退休，但该教师名字没有删除；区域观察重难点一个月内都没有更改，观察重点仅限某2个区域；幼儿品德习惯培养内容整个学期都没有更改；家园互动仅强调出汗带毛巾；有的教师外出或请假，但班上教学活动执教者没有进行调整。

（3）出现不加思考无创新现象，如：节假日仍然安排教学活动，级组的亲子活动没写在周计划中；每周晨间早练和户外体育活动没有进行更换；离园活动只安排阅读图书和玩积木，活动单一。

2. 讲解新周计划（人手一张周计划空表）

表2　西樵中心幼儿园　　班第　周教育活动安排表

教师：＿＿＿＿、＿＿＿＿、＿＿＿＿、＿＿＿＿　年　月　日—　月　日

环境创设及区域材料投放	1. 2. 3.
自主游戏活动	各区域名称： 本周观察重点： 1. 2. 3.
习惯品德培养	1. 2.
家园互动	1. 2.

续 表

教育目标	时间	星期一	星期二	星期三	星期四	星期五
1.	7：30—8：50 晨练/早谈					
2.	8：50—9：50 学习活动					
	10：00—11：00 自主游戏/体育活动					
	11：15—12：00			午餐、散步		
3.	14：40—14：50			穴位按摩操		
	3：15—4：15 自主游戏/体育活动					
	4：20—5：10 离园活动					
4.	本周小结					

主持人：请大家翻开《广东省幼儿园一日活动指引》材料，找找幼儿园一日生活被划分为哪几种类型？

（1）体育活动指的是什么？包括晨间锻炼、体育课、户外活动等，为了区分以上活动，专职体育老师的课称"体育游戏"，早上锻炼称"早练"，户外活动时间称"体育活动"。

（2）自主游戏活动指的是什么？既包括区域活动，又包括户外混龄区域活动。

（3）离园活动可以安排什么？可进行自主游戏、安全礼仪教育、自理训练、复习游戏或歌曲。

（4）特色活动可以安排什么呢？我们幼儿园有哪些特色？艺术、阅读、篮球、折纸等，特色活动老师们可自主安排，并有组织、有计划地去开展活动。

3."周计划制订注意事项"，引导教师逐一理解

让教师更加明晰制订周计划的要求，给教师提供参考，提高制订周计划的效率和质量。

4.现场解疑及活动总结

虽然计划不能完全准确地预测将来，但如果没有计划，组织的工作往往陷入盲目，或者碰运气。——哈罗德·孔茨

附：周计划制订注意事项

表3　西樵中心幼儿园周计划制订注意事项

项目	注意事项
题目	看清楚。
教师姓名	写全名，有无请假、休假。
环境与区域	本周的环境创设工作、区域材料投放、区域的更改调整布置。
自主游戏	班级区域名称。 观察重难点：幼儿能力、兴趣、同伴相处、常规、习惯、需求等，区域材料、场地、空间的适宜性、安全性、层次性等方面的思考。每天不少于连续1小时自主游戏。
习惯品德	近期幼儿最迫切要培养或加强什么习惯和品德？
家园互动	收集物品、悉心照顾、提醒备忘等。
教育目标	本周的教学教育目标，挑重点。
早谈	节假日习俗、日常常规、生活习惯、新闻焦点、礼仪礼貌，起个好听的名字。
学习活动	严格根据课程教学内容，检查错别字。需调课、补课吗？
晨间锻炼体育活动	每天进行不少于1小时，走、跑、攀爬、投掷、钻、平衡等体育活动，或使用体育器材、自创器材锻炼身体。制订适合幼儿近期锻炼的目标，每周安排几种幼儿喜欢的游戏，增加趣味点、创新性。
离园活动	可进行自主游戏、安全礼仪教育、自理训练、复习游戏或歌曲。避免长时间消极等待，注意电教时间不能超30分钟。
每周小结	上周小结写了吗？写得怎样？
时间/格式	填好仔细看。有节假日吗？有亲子活动或其他活动吗？需合并调整表格吗？
其他	周五上午交周计划了吗？提醒同伴了吗？

【教研反思】

教研活动中，教师们对自己制订周计划时曾经出现的问题进行了反思，对周计划的制订有了更深入、更透彻的认识和了解。在实操环节，教师们能够根据"周计划制订注意事项表"的内容，结合《3-6岁儿童学习与发展指南》《广东省幼儿园一日活动指引（试行）》的要求，对之前制订不合理、有错漏的周计划进行修改，从而让一日生活各环节的质量更有保障。

如何进行读书·交流·反思·感悟

【教研背景】

在"园本教研制度的建设"项目启动以来，我们深深地感受到：要真正提升我园的园本教研质量，不能再停留在实践与已有经验相结合的喧哗讨论、情景表演上，而应该把读书当成一种习惯。因此，本学年，我园启动了以"读书·交流·反思·感悟"为主题的读书沙龙活动，旨在为广大教师搭建读书交流分享的平台，让教师更善于思考，更具教育的智慧。

【教研目的】

（1）为教师搭建读书交流分享的平台，构建学习共同体。

（2）通过有方向性指导的读书活动，逐步让读书学习成为我园教师的自觉行为，更好地促进教师队伍的专业化成长。

【教研准备】

1. 知识准备

在活动之前，每位教师认真阅读教师专业发展丛书之《在反思中成长》，并做好相关笔记。

2. 物质准备

教研活动课件、亮分牌、4个教育案例、设最佳合作奖（集体）1名、掌声激励奖（个人）10名。

【教研形式】

参与式研讨、案例分析、头脑风暴。

【教研对象】

工龄十年以下的教师。

【教研主持】

区伴贞。

【活动过程】

（一）导入——走进书本

1. 回顾

通过课件回顾我园教师近期开展读书活动的情况，帮助教师重温读书的作用与意义。

2. 热身

知识小竞赛，提取《在反思中成长》中有价值的问题，进行小知识竞赛。

（设计意图：在开始部分，我们选择了"回顾"，把教师带入整个交流活动中，然后选取有价值的小问题，带领教师走进书本，温故知新。）

（二）交流——主题研讨（时间：30分钟）

（1）《在反思中成长》中的第二章节"教师成长篇"分析交流。

章节介绍：

① 行走的足迹：教师的成长是一个过程，你在教育实践中经历了各种各样的挫折，是如何通过不断的反省和思考，一步步地迈向成熟的呢？

② 在困惑中感悟：在工作中总会遇到调皮的、"难缠"的孩子，但你是否分析过孩子的行为和语言背后的秘密，是否了解过他们内心的需要？

图1　主题研讨进行时

③ 捕捉灵动的瞬间：教育的对象是复杂的，教育的过程也是复杂的，教育的艺术是教师在实践中用心积累的结果。

④ 乐在其中：工作的点滴进步也会使教师感受到专业成长的幸福快乐，并

激励教师付出更大的努力，不断走向成功。

（2）各小组自选章节主题，结合自己在教育教学工作中的实际做法和感悟，谈心得体会。每人1分钟发言时间。

（3）小组全体完毕后由主持人点评。

A教师：我对"行走的足迹"这一章节的印象最深，因为我是一位新老师，在工作中也曾遇到过挫折，在我想放弃的时候，我看到了这本书，书中的很多情境都似曾相识，让我反省了自己的行为，我现在对工作又充满热情了。

B教师：我对"在困惑中感悟"这一章节的印象最深，之前我遇到调皮的孩子犯错，我就会严厉地批评他，让他认错。但看完这本书后，我发现，我以前的行为太冲动了，没有用心了解过他们内心真正的需要，在以后的工作中，我会注意。

C教师：我对"乐在其中"这一章节的印象最深，我是一位已工作了8年的老师，的确，工作的点滴进步给了我前进的动力，我会继续做好这份工作。

主持人点评：每组教师都能结合自己的实际发表自己的看法，从你们的发言中，我看到了你们的内心。的确，每个教师都会有犯错的时候，但我相信，只要你善于反思，发现自身的不足，予以改正就一定会成长起来的。

（4）根据小组全体成员的发言，其他组酝酿赞同度，举牌亮分。

（设计意图：通过自选章节，让每位教师都有机会，结合实际情况谈谈自己最有感触的心得体会，构建学习的共同体，营造互相交流、分享的学习氛围。）

（三）反思——案例分析

（1）出示4组案例，由各小组组长抽取案例，组内集体协作，根据案例，酝酿解决策略，限时3分钟，由主持人随机抽取成员代表分析3分钟，其他组员可补充。分析完毕后接受其他小组的2分钟提问。提出问题的小组每次加1分。

图2　教师积极投入、各抒己见

（2）其他小组听后酝酿赞同度，举牌亮分。

（3）4个小组轮流进行。

（设计意图：通过分析案例，小组协作，用共同反思的形式，结合书中的观点深入分析，以理论结合实际形式，提高教师反思、改进教育行为的能力。）

（四）感悟——总结提升

（1）通过读书·交流·反思，写出该书对您最有感触或帮助最大的一句话或一段话。

（2）提出自己在教育教学中存在的困惑或遇到的问题，从而生成新的研讨话题。

（3）请把您参加此次读书活动的心得体会及时记录下来并上传幼儿园网站。

（4）主持人总结本次读书活动。

（5）主持人小结：我相信教师们通过本次活动，都有一定的收获。教师们能根据自身的实际和需要，多阅读相关的教育类书籍，使自己不断进步，我也会定期推荐一些好书给大家，希望大家能每天抽时间读书，丰富自身的文化底蕴。

（设计意图：最后，通过全体教师以读书活动为主题，讲述自己最有感触的话，把读书活动推向高潮，并说说自己在一线工作中遇到的困惑，生成新的话题，作为下次研讨活动的内容。）

【教研反思】

整个读书沙龙活动以参与式研讨、案例分析、头脑风暴的形式进行。活动中，教师们参与积极性高，能结合自身的工作实际各抒己见，取得了良好的效果。如果在活动环节的时间分配上再合理些就更好了。开展读书活动，不能单靠领导要求或园方组织，要让读书真正成为教师自身的内需才是最重要的。

附：案例

1. 孩子，你能行！

在小班综合活动"我打开了……"中，孩子们都正饶有兴致地用自己的方法打开食品袋。只见一个孩子拿着袋子发呆，看见老师走过来了，就赶紧举起袋子说："老师，我打不开，我的小手不能干。""老师知道你的小手很能

干，你再试试吧！"孩子又使劲试了一会儿，可还是打不开。"要不，你问问邻座的童童，看看她是怎么打开的，好吗？"孩子马上拿着袋子去询问邻座的好朋友。这时，只听见"啪"的一声，孩子举起袋子笑着对我说："老师，我终于打开了。"我摸着孩子的头说："孩子，你真能干！"试分析老师运用的教育策略。

2. 面对孩子突如其来的答案

在大班科学活动"乌鸦喝水"中，教学目标是通过实验，让孩子知道投放石头和沙子都能使水位上升。在第二个教学环节中，孩子们尝试在低水位容器里投放石头失败后，我抛给了孩子这样一个问题："你们想想，沙子能帮助乌鸦喝到水吗？"积累了第一环节的经验，很多孩子都大声地说："行！"哈哈，孩子们都走进我预设的圈子里了。我正暗自高兴，准备让孩子们去试一试。这时，一个响亮的声音说："不行的！放沙子的话，水会变得脏兮兮的，不能喝！"我当时一愣，不知道该如何应对孩子抛过来的"球"。结果，我笑了笑，继续往下一环节操作了……如果你是该老师，你会如何回应孩子呢？

3. 老师该示范吗？

我为大班幼儿设计了一节自主探索为主的科学活动课。在这堂课中，我给予幼儿充分的时间利用我提供的材料去操作。但结果令人大失所望，幼儿的操作过程与我的设想大相径庭。如幼儿在操作将电池与绕着铜线的铁钉相接触而产生磁性的这一环节时，许多幼儿不知所措，有的说："老师，我不会，我不会。"有的就说："老师，你帮我。"还有的说："老师，怎样做的？"甚至有的幼儿大声喧哗，致使教室一片混乱。当时，我真想立刻让幼儿停止操作，看我示范，但我愣了一下，心想：如果我示范了，就会扼杀了孩子自主探索的兴趣。最终，这环节的活动没法进行下去。你认为，这位老师的教学策略对吗？为什么？

4. 乖孩子

欣欣是一名四岁的小女孩，自小班入园后，她不像其他孩子那样爱哭闹、顽皮好动，而是表现得很安静，从不吵闹，从不多说一句话，也从不主动与小朋友交往，总喜欢自己一个人静静地坐着，默默地看着其他孩子玩。她不用老师过多的操心，是老师心目中的"乖孩子"。

别的孩子都争先恐后地挤到我面前，大声嚷着："老师，我要，我要糖果""老师，我要布娃娃""我要小飞机"……唯独她坐在位置上，眼巴巴地看着我。我问："你要玩玩具吗？""要"她小声地说道。我又问："你想玩什么？"她不说话，只是用手指了指布娃娃。她平时沉默寡言，不能用流畅的语言与别人交流，与他人的对话通常是被动的一问一答或不答，其行为表现为明显的交往退缩。根据欣欣的表现，你认为老师该运用什么教育策略呢？

如何给孩子讲故事

【教研背景】

讲故事是幼儿教师最基本的专业技能之一，但一些新教师缺乏经验，不知道该如何给孩子讲故事。为了增强教师语言的表现力和感染力，提升教师演绎故事的能力，我园给教师们提供互动交流、分享经验的平台，特举办主题为"如何给孩子讲故事"的教研活动。

【教研目的】

（1）发挥集体智慧，共同探讨讲故事的技巧，提升教师演绎和讲述故事的能力。

（2）激发教师参与教研的热情，提升本园教师的教研水平。

【教研准备】

1. 知识准备

教师们熟悉《幼儿园教育指导纲要（试行）》语言领域指导目标；组织教师们观看精彩的故事演讲视频。

2. 物质准备

电教故事片段、资料；动物头饰若干、表演道具若干、小鼓1个、小皮球1个；笔3支、纸6张，3个不同类型的故事。

【教研形式】

实操、案例分析。

【教研对象】

三年教龄以下的青年教师。

【教研主持】

叶秀丽、麦喜华。

【教研过程】

（一）导入游戏：比一比，谁知道的故事多？

游戏玩法：故事按教育性分类（如：礼貌、安全、健康、性格培养），以级组为单位进行比赛，教师根据要求分别在规定时间内写出相应故事名称，写得快而准的组为胜。

主持人：美国故事家吉母科恩认为"听故事能够打开那些教育无法直接触及的区域，无论是成人还是儿童，都可以从故事的含义中找到解决问题的办法。"这表明，故事的内涵不仅反映生活，揭示世界，还对人的塑造有着深刻的影响，具有一定的教育性。既然故事有着如此重要的教育意义，那么教师应怎样给孩子讲故事，激起孩子的兴趣，发挥故事的最大教育作用呢？

（二）研讨讲故事的技巧

（1）怎样讲故事，才能做到引人入胜，让幼儿听得津津有味呢？

（2）级组讨论后把策略写在纸上，选一个代表为大家介绍。

（3）主持人：依据老师的发言，归纳为以下四点。

① 咬字要清晰，这是讲好故事的基本条件；

图1　积极研讨、认真记录

② 声音要抑扬顿挫，以不同的语气语调将故事中的角色区分开来，这是讲故事重要的技巧；

③ 要附以肢体动作，这是提升故事吸引力的有效手段；

④ 眼神、表情要跟上，它在故事讲述中起到画龙点睛的作用。

（4）讲故事时可进行实践演示练习。

①模仿游戏：开火车

玩法：以开火车的形式，根据电教影片上的提示，模仿各种人物、动物的声音、表情、动作。让教师们尝试用不同语气语调表达文字内容，用不同的动作、表情去演绎不同的角色及其人物情绪的变化。

②提供三个不同风格的故事，让级组长代表抽签，抽取表演故事后，再组织教师交流、分配角色，选择相关道具，分组表演故事。

③欣赏故事表演，提出改进意见，鼓励各组回应别人的建议。

主持人：演绎同一故事片断，却呈现出不一样的讲述效果，其中把故事演绎得精彩有何奥妙？请教师说说自己的发现。

（三）观看电教片段：三种讲述方式

教师通过观看电教影片，运用已有经验举例分析，讨论以下三种讲故事的方式。

（1）以设问带出，教师完整地讲述故事。

（2）师幼互动，设问式讲述故事，即边讲边问。

（3）续编故事，只讲起因、经过，让幼儿猜想结果。

图2　互动交流、各抒己见

①自由表达自己的见解：表达你对以上三种讲故事方式的理解，你曾经运用过哪种方式？

②引出争议性问题：讲故事期间可否插入提问？

③（改变原来的座位）让正反双方进行辩论。

④主持人就辩论进行综合评价，并引出巧用"悬念"话题。

瑞士教育家亚美路说过，教育最伟大的技巧是："知所启发"，为了让孩子"听而有发"，讲故事中灵活运用"悬念"十分重要。"悬念"的引入，就是打破故事完整的格局，在关键处设置悬念，让幼儿按故事的脉络去思考。通常有开篇悬念、情节悬念和结果悬念等，悬念的引入，只有适当的时候，没有绝对的时候，应视具体的故事内容和听故事对象来决定。

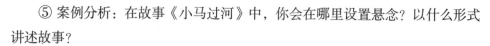

⑤ 案例分析：在故事《小马过河》中，你会在哪里设置悬念？以什么形式讲述故事？

（四）活动延伸

（1）主持人：教学活动面向的是幼儿，教研面向的是教师，如果我们能发现有价值的教学问题，从而展开研究，相信教师能更快、更好地成长起来，希望通过今天的研讨，教师们讲的故事会更精彩。

（2）派发反馈表，让教师进行活动反思。

表1 《怎样给孩子讲故事》活动反思

姓名：	参与活动时间：
1. 本次教研活动的收获有哪些？	
2. 哪些问题还存在争议？	
3. 你打算怎样做，让自己的"故事"更精彩？	
4. 你喜欢的教研模式有哪些？	

【教研反思】

这次的教研活动气氛轻松、活跃，效果显著，主要体现在：活动设计巧妙，形式丰富多样，既有理论学习，又有实操表演环节，参与度高，让教师们在动口、动手、动脑中提升了讲故事的技巧，受益匪浅。俗话说"实干是基础，苦干是精神，巧干是境界"，让青年教师尽快学会"巧干"，"主题教研"是个好渠道。

如何建构"快乐小镇"活动场馆

【教研背景】

我园的"快乐小镇"是让幼儿感受社会各行职业、体验劳动、建立生活经验，促进幼儿社会性发展的游戏乐园。当幼儿熟悉"快乐小镇"的游戏玩法后，违反游戏规则的情况便频频发生，"如何有效指导孩子遵守场馆的规则""如何让各场馆活动更具吸引力"成了教师们的困惑。为此，我级特组织了此次"'快乐小镇'场馆活动的细化与拓展"教研活动。

【教研目的】

（1）列出"快乐小镇"的真实现状和存在的问题，研讨能够解决"快乐小镇"各场馆出现问题的策略。

（2）进一步细化场馆的管理，丰富幼儿在小镇的活动内容和形式，让"快乐小镇"场馆更好地成为孩子探索社会、快乐成长的优质乐园。

（3）为教师提供研讨和反思的平台，让教师养成时刻关注幼儿，反思自己的教育行为的好习惯。

【教研准备】

1. 经验准备

（1）发放调查表一和调查表二（见附表），了解和收集孩子、家长、教师对"快乐小镇"场馆活动情况的反馈意见。

（2）在教研活动之前，对问卷调查的情况进行统计，作为本次教研活动内容的研讨依据。

2. 物质准备

（1）"快乐小镇"活动照片和视频、教研活动课件。

（2）A4纸对半开制成的纸条、A3纸、油性笔。

【教研形式】

视频会诊、头脑风暴、案例分析、问题推进、故事启迪。

【教研对象】

大班级"快乐小镇"各场馆的负责人（即大班级教师）。

【教研主持】

张裕丰。

【教研过程】

（一）精彩瞬间

主持人：各位教师，大家好！我园的"快乐小镇"儿童社会乐园从2011年6月开办以来，得到了孩子们的喜爱和家长的赞许，更成了我园生命教育的一个靓丽品牌。现在，让我们一起走进儿童社会体验乐园，感受"快乐小镇"为幼儿、家长和教师带来的欢乐。（观看一组精彩的"快乐小镇"活动相片）

（设计意图：此环节有效地吸引了教师们的注意力，把教师带入了情境。）

（二）问题导出

主持人：刚才我们分享了一组精彩的"快乐小镇"照片，我们发现"快乐小镇"里的幼儿是非常快乐的，这离不开在座教师的辛勤付出。随着活动的深入开展，我们发现幼儿在进行游戏活动时出现了一些现象。下面请大家一起来看一组图片，一边看一边用一个词语或简短语句，在纸条上记录2个你发现的问题，每个纸条上记录一个问题。（观看一组幼儿在活动中不遵守规则的图片和视频）

主持人：（将纸条展示在黑板上）现在我们一起来看看大家发现的问题。发现的问题有：幼儿在各场馆间来回跑动、插队、个别家长志愿者不清楚自己的职责、个别场馆活动不真实、游戏带给孩子的东西不够……

（设计意图：这一环节采用了"照片会诊"的方法，让教师们以"头脑风暴"的方式找出问题，主持人根据教师们提供的信息，找出其中高频字进行统计和分析，为下一环节的具体讨论做铺垫。）

（三）规范拓展

主持人：通过研讨我们发现，细化规则和丰富活动内容迫在眉睫。如何细化活动规则和拓展场馆的活动内容，让各场馆更具吸引力，让每一位幼儿都更专注地投入到活动中呢？下面，就请教师们来说一说自己负责的场馆活动有哪些不足和改进想法，请教师针对出现的问题一起研讨解决策略。

图1　抛出问题引发思考讨论

（1）巴布工程队、黑猫警察局。

（2）爱心医院、宝宝银行。

（3）八达通邮政局。

（4）猪猪侠训练营、豆豆滑板车。

（设计意图：这一环节采用了案例分析法，教师们针对提出的问题，让大班级的所有教师一起集思广益，让每一位教师都直面问题，思考解决问题的方法，利用集体的智慧，推进自己负责的场馆活动的规则细化与内容的拓展。）

（四）讨论措施

主持人：教师们都提出了改进的意见和建议，那么，如何保证这些措施得到落实呢？请大家从幼儿、教师、家长、幼儿园这四个方面去思考，应该做些什么？怎么做？我们现在分成两组进行讨论和记录，5分钟之后，每组派一位代表进行概括、归纳。列出我们要采取的措施：（本措施上交负责的领导）

图2　教师代表进行观点阐述

（1）各场馆负责人书写一份"各场馆整改方案"，递交负责的领导审批，获取园方的支持。

（2）各场馆公示"家长志愿者指导细则"，把家长志愿者的工作从工作流程、指导细节到指导语都进行规范，保证每一位参加活动的家长志愿者看了"家长志愿者指导细则"都能做好这项工作。

（3）增设场馆，解决当前场馆少，四分之一的幼儿无馆可入的难题。各班在原来的基础上增加一个新的场馆，新场馆主题和方案由级长和各班主任协商制订，商议结果上交负责领导审批。

（4）利用家长会宣传我园"快乐小镇"生命教育的理念，就"家长志愿者指导细则"进行培训，增加家长志愿者的人数和扩大家长志愿者群体。

（5）与负责领导协商，出台"快乐小镇"公民守则，细化幼儿在小镇的言谈举止，使其树立良好的小镇公民意识。

（6）新建"快乐小镇"活动情况反馈表。具体表格由相关负责人制订好后发放给大家。每次"快乐小镇"活动后，教师应立即在表格上记录评价和反思，形成第一手的真实材料，也为及时调整快乐小镇活动提供依据，让反思和改进成为教师工作的常态。

（设计意图：这一环节采用了"理论转化为措施"的方法，帮助教师将想法转化为行动措施，有效地将"快乐小镇"出现的问题转化为教师应对的行动措施，让教研活动成为教师改进教育教学行为的有力支持！）

（五）分享启迪

主持人：给大家分享一个感人的故事短片《泰迪的故事》。请大家一边看一边思索：它带给你什么启迪？

最后，送给大家两句话：

（1）老师信任和关注孩子，这很有可能改变孩子的一生。

（2）能成为让孩子铭记一生的好老师是一种幸福，也是一种幸运！

（设计意图：这一环节采用了"故事启迪"的方法，观影过程中，很多教师在看故事的时候都流下了眼泪，感人的故事让大家非常震撼。它让我们明白教师要做的不仅是时刻关注孩子，还要关注孩子心灵的成长，它也让我们明白了教师这个职业赋予我们的使命，让我们懂得了教育的真谛。）

【教研反思】

教师们能从孩子、家长、教师的角度出发去做活动调查，并带着第一手数据资料来参与教研，使教研更切实、更全面。整个教研活动层层深入，层层递进，一步一步地引导教师发现问题——分析问题——思考对策——改进措施，不仅使教师扩展和重构了自己的理论框架，还实实在在地帮助教师解决了"快乐小镇"场馆活动的规范和拓展的问题，这样的教研活动非常有价值。

附表：

社会乐园活动拓展调查表

班级 ＿＿＿＿＿＿ 幼儿姓名 ＿＿＿＿＿＿ 家长姓名 ＿＿＿＿＿＿ 时间 ＿＿＿＿＿＿

现在，我们计划将"星期8小镇"社会乐园中各个场所的活动进行拓展，让我们的活动更贴近幼儿的生活，符合幼儿发展的需要。希望您的建议能为我们的拓展活动提供指引，让每一个孩子受益。

您对整个"星期8小镇"社会体验活动有什么建议？

我们班现在负责管理的场所？	您孩子在该场所的收获？	您对该场所拓展的建议？
1.		
2.		

附故事：

泰迪的故事

故事讲述了一个男孩的经历，这个男孩叫泰迪，他在三年级之前，是一个积极上进、活泼开朗的小男孩，四年级以后，他逐渐失去了自信，迷失了自我，学业也是一落千丈。五年级的时候，换了一个老师，这个老师以"教书"为己任，认真负责，她印象中的泰迪是一个典型的"后进生"，直到她无意中看到了前任老师对泰迪的学年评语，这促使她去追溯泰迪变化的原因。原来泰迪的变化是由于家庭的变故，母亲病逝、父亲对他的忽视，或者叫"爱"的丧失才使泰迪逐渐迷失了方向。也正是这一发现让老师开始关注泰迪，帮他重拾自信。泰迪从小学、中学到大学毕业，虽然遇到不少挫折，但因为有爱，有信心，让他也遇到了一位可以共度一生的姑娘，二人喜结连理。在结婚典礼上，改变泰迪的那位老师，他一生中遇到的最好的老师，以新郎母亲的身份出席了结婚典礼。当"母子"二人温馨拥抱、相互倾诉的那一刻，人性的光辉、教育的伟大得到了升华！

第九章　研——快乐工作

如何释放心灵，快乐工作——我的生涯竞买会

【教研背景】

最近几年，网络媒体对于幼儿教师这一群体的关注度越来越高，关于幼儿教师的负面新闻经常见诸网络。因此，我园开展了本次教研活动，希望以幼儿教师这一职业为切入口，让教师们进行分享交流，谈谈自身工作的幸福感，从而强化教师的责任意识，以积极乐观的心态挑战工作。

【教研目的】

（1）通过"生涯竞买会"游戏，引发教师思考自己的人生追求，知道要通过规划来掌握自己的生涯。

（2）在分享交流中，让教师明确自己的责任，更坚定工作的信心，更热爱自己的工作。

【教研准备】

1. 知识准备

（1）主持人制订"竞买会"的规则。

（2）收集关于生涯、压力、乐观等方面知识的资料。

（3）收集减压的方法。

（4）对不同的生涯，主持人做好应对的准备。

2. 物质准备

拍卖槌、本主题幻灯片、1万元代币（约700张）、标的物卡片24张、游戏规则纸7张、黑板、粉笔。

【教研形式】

参与式研讨，分享交流。

【教研对象】

南海区各公办幼儿园教师。

【教研主持】

何宝琴、谭玉玲。

【教研过程】

（一）引出主题

（1）主持人介绍活动流程。

（2）问题1：你是怎么理解"生涯"这个词的？

A老师：人的一生。

B老师：我们的事业。

主持人：生涯是指从事某种活动或职业的生活，也指赖以维持生活的产业、财物；也就是指我们人生的追求和事业的发展。

图1　参与式研讨，分享交流

（3）问题2：生涯是否可以掌握在我们自己的手中？为什么？

A老师：可以，因为我们的职业是由我们自己决定的。

B老师：不可以，因为生活中总会有很多意外发生，我们并不能保证我们的生涯会朝着我们希望的方向发展。

C老师：可以，虽然在生活中会有很多难以预料的事情，但我们只要坚定自己的方向，就不容易动摇。如果我们凡事都跟随着别人的意思走，那样的生涯就不是我们自己的。

主持人小结：对于生涯可否掌握，教师们都各持己见。其实，我们每个人的生涯发展都是独一无二的，只有在你寻求它的时候，它才存在，我们每个人都是自己生涯的主动塑造者。也就是说，只要你主动地规划自己的生涯，它是可以掌握在你手中的。当然，如果你放弃主动权，就会觉得生涯不受掌控。

（**设计意图**：我们先让教师们理解"生涯"的定义，再设疑：生涯能被我们掌握吗？让教师们知道生涯是可以掌握的，但要看自身的态度。）

（二）虚拟竞买

1. 介绍游戏规则

（1）角色分配：拍卖师、拍卖槌和买家。

（2）每人10万元，象征着一生的时间和精力。

（3）运用手中的金额竞买标的物。每个标的物起价是1万元。

（4）拍卖师喊三次，拍卖槌敲响，这项生涯就属于买家了。

（5）介绍拍卖标的物（2分钟时间考虑）。

2. 开始竞买

（1）主持人统计各标的物受欢迎程度。

（2）拍卖师主持竞买活动：①一座豪华别墅；②一生平安健康；③一张钱款取之不尽的信用卡；④英俊博学、疼爱自己的丈夫，美丽贤惠、温柔体贴的妻子或疼爱自己的子女；⑤一门精湛的技艺；⑥一座宏大的图书馆；⑦免费

图2　拍卖活动后的感悟交流

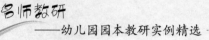

旅游世界的机票；⑧三五个知心的朋友；⑨做一名快乐幸福的幼儿园教师。

3. 拍卖后的反思

（1）反思10分钟：（小组讨论）

主持人：刚才你拍到了自己的生涯了吗？为什么你愿意用你毕生的精力和时间来获取它呢？为什么你一样都没有拍到呢？

（2）教师分享交流。

A老师：我拍到了"一座豪华别墅"，可是却不是我最想要的。

主持人：选择生涯时，我们应该认真地考虑清楚什么才是最重要的。

B老师：我本来是想拍一个好丈夫的，可是错过了。所以我觉得做任何事情，只要选定了，就要尽快去完成，如果错过了机会，可能机会就不再来了。

主持人：对，机会稍纵即逝，要把握好时机！

C老师：我拍到的是"一生平安健康"，因为我觉得人的健康平安才是最重要的。

主持人：确实，平安是福。我希望在座的教师一生健康、平安！

D老师：我用10万块钱拍到了"做一名快乐幸福的幼儿园教师"。因为我觉得很多孩子毕业了，在街上见到时还能叫我一声"老师"，这让我感到很幸福。我觉得既然我们做了这一行，就应该去享受它、感受它，去爱它，这样才能把自己的工作做好。我们活在当下，可能会有很多意外发生，所以我们更应该去珍惜自己走过的每一天，珍惜自己所获得的幸福。

E老师：我考虑了很长时间，每样都想要，为什么不是多选题呢？我在犹豫中——又想要多几样，又想保留一些钱……机会错失了。

3. 主持人小结

主持人：希望这个活动能让教师们更好地规划自己的生涯，相信大家明确了自己的人生追求后，能坚持不懈地朝这个方向努力！

（设计意图：通过"生涯竞买会"游戏，引发教师思考自己的人生追求和处事态度，从而更好地规划自己的生涯。）

（三）回归现实

（1）统计显示选择教师这个职业的人较少，引发思考。

（2）分享一段歌颂教师的诗歌。

（3）谈谈自己对教师幸福感的认识。

A老师：我觉得孩子笑了，我也会笑。这是我们幼儿教师永葆青春的秘密！

B老师：我记得有位老师曾说过："我情愿做幼儿园的老师，也不愿做老人院的院长。"为什么呢？因为我们面对的是希望，是朝阳！我觉得我是快乐的，因为在工作中我获得了孩子、家长和同事的尊重和喜爱，所以我很享受这一份幸福感。

C老师：刚开始从教，我觉得工作很烦琐。后来有一个孩子改变了我，他因为我的爱而转变了，家长也很感激我，所以我觉得做幼儿教师很快乐！

D老师：我刚开始做幼师时，朋友和家人都劝过我放弃。可是和孩子们相处久了，他们愿意和我分享他们的快乐，让我觉得很开心，也觉得这个工作很适合自己的性格。

E老师：看到孩子从不会到会、从不懂到懂这一过程，我觉得很欣慰。所以我觉得做幼儿教师是我的终生职业！

（4）主持人小结：无论做什么职业，首先要有责任意识，要以积极的心态去迎接挑战。要想人生登峰造极、多姿多彩、幸福成功或自由自在，就必须承担人生的责任。教师们，幼儿教师这个职业，既然我们选择了，就要去面对；既然面对了，就要去坚持；既然坚持了，就要去做好！希望教师们都能在工作中找到属于自己的那份幸福感。

（设计意图：在分享交流中，让教师明确自己的责任，更坚定工作的信心，更热爱自己的工作。）

（四）追求未来

（1）活动总结：既然我们在这个岗位上，就要把工作做好！希望大家能拥有乐观的心态，每天快乐地工作和生活，做一名快乐幸福的老师。近几年来，我们南海学前教育已经一步步地稳步发展，我们的领导也在为不断地提供更好的平台和学习机会及改善我们的待遇而努力地争取，相信我们的学前教育一定会有最好的未来！

（2）邀请教师随音乐《最好的未来》舞动。

【教研反思】

活动中，通过创设竞买游戏—分享交流—回归现实—追求未来的环节，教师们从刺激—放松—分享到真正地释放心灵。教师们的感受是既与压力抗衡，又感受到工作带来的快乐、幸福。

存在的问题：①教师们参与的积极性还不够。②主持人较紧张，如能放松心态，相信更能让每位教师受启发和感染。

图3　教师们一起做运动

如何开展分享互助式研讨

【教研背景】

一直以来，我园十分重视教师队伍的建设，经常组织开展教研活动，提高教师的业务能力和综合素质。近几年来，我园在"分享互助式案例分析"系列教研活动中，以案例研讨为主体，通过分享、合作等研讨交流活动，集中教师们的智慧，丰富知识，增长经验，促进教师教育理念向教育行为的转换。而开展本次教研活动，我们希望通过骨干教师的教学经验分享，让青年教师在感悟和学习中更快地成长起来，最大化地激发其内在潜力，实现优势互补，做到用心学习、用心工作，争做名师，享受成长的快乐。

【教研目的】

（1）通过骨干教师的教学经验介绍，使青年教师懂得如何有效地开展教学活动，学习如何在班级中建立良好常规。

（2）通过青年教师的教学经验分享和骨干教师的案例分析，让教师们在相互学习中吸取别人的教学经验和教训，从而提高自身教育教学能力。

（3）让骨干教师和青年教师在互动过程中共同享受团队的快乐，共同在团队中成长。

【教研准备】

1. 经验准备

青年教师从理论上学习"一日常规建立"和"如何有效开展教学活动"等方面的知识，并记录下自己的困惑。

2. 知识准备

骨干教师准备关于"一日常规建立"和"如何有效开展教学活动"等内

容；青年教师各自准备一个"我的教育故事"。

3. 物质准备

音乐。

【教研形式】

个案诊断、小组沙龙、分享互动。

【教研对象】

青年教师和骨干教师。

【教研主持】

麦福意。

【教研过程】

(一) 快乐舞蹈——《快乐飞翔》

主持人：大家怀着各自的梦想，来到幼儿园这个快乐的大家庭，让我们一起来"快乐飞翔"！

小结：今天，我们的快乐教研将对"快乐舞蹈""快乐分享""快乐对话"三个环节进行深入探讨和研究，愿大家都在快乐的成长氛围中有体会和提高。下面有请关老师和沈老师来做经验介绍！

（设计意图：通过暖场舞蹈，活跃现场气氛，激发教师们的热情，吸引教师们主动参与到活动中来。）

(二) 快乐分享——骨干教师教学经验介绍；青年教师分享"我的教育故事"

1. 骨干教师教学经验介绍

（1）关凤萍《如何有效地开展教学活动》。

（2）沈惠文《幼儿常规的培养》。

2. 青年教师分组分享"我的教育故事"

小结：刚才，大家讲述了自己在教育教学过程中亲身经历的教育故事，通过经验分享，展示了教师的风采，推动了幼儿园的教学水平。我园拥有一支年轻、充满智慧、善于思考与学习的教师团队，希望青年教师多吸收同事们的教学经验，继续用先进的理念指导自己的教育教学行为，以高尚的情操引导幼儿体、智、德、美全面发展。

（设计意图：通过骨干教师的引领作用，带动青年教师对丰富多彩的实践案例进行归纳和提炼，逐步提高教师的教育教学能力，开发教育智慧。）

图1　骨干教师进行经验分享

（三）快乐对话——青年教师教育教学困惑解答

主持人：在教学实践中，我们会遇到各种各样的问题，这些问题会促进我们的思考，这些思考如果能和同伴说说，或许思路就会更清晰，认识会更深刻，问题更容易得到解决。现在，青年教师可以把在日常教育教学中遇到的困惑提出来，骨干教师现场解答。希望所有参与教研活动的教师积极发言、热烈讨论、乐于思考，把整个教研活动作为一个快乐学习、快乐交流的平台。

图2　小组研讨，为青年教师解除困惑

个案诊断：

问题一：孩子在幼儿园受到了小伤害，但教师并不知情，家长前来质问的时候，教师应该怎么办？

骨干教师：

（1）要高度关注孩子在园的动态，做到心中有数。

（2）出现工作上的小失误，首先要平复家长的情绪，而不是先为自己辩解。

（3）教师的诚意终会打动家长。

（4）在平时的工作中，要注意多和家长沟通，建立良好的家园关系。

问题二：在教学过程中，孩子提出的问题，教师一时间不知道该怎么回答，这时应该怎么办？

骨干教师：

（1）诚实地说：我也不知道。

（2）把问题抛回给孩子：这个问题问得好，你是怎么想的？可以引导其他孩子一起思考：你们来回答这个问题。这样可以肯定孩子的努力，跟孩子建立良好的互动关系，是否能回答这个问题反而不是最重要的。

（3）鼓励大家一起通过各种方法寻找答案，并把答案告诉其他人。

（4）千万不要不理睬孩子的问题，这样孩子会觉得自己不受重视。

问题三：本该遵守的规则，孩子很快就忘记了，怎么办？

骨干教师：

（1）这个规则是如何制订的？是教师硬性规定的，还是和孩子共同讨论后制订的？孩子是否明白这个规则的意义所在？

（2）规则的执行需要反复的强化。

（3）规则是否合理？是否有需要改进的地方？

小结：原来属于每一个个体所有的经验和观点，经过大家的重构和扩展，成了一种共享的群体资源，我们感觉这样的教研活动非常有价值。希望教师们点燃激情，不断积淀教育底蕴，提高教育能力。

（设计意图：通过骨干教师和青年教师之间的互动、解惑，解决教育教学实践中遇到的问题，使园本教研更具针对性和有效性。）

【教研反思】

活动中，我们通过创设"快乐舞蹈""快乐对话""快乐分享"等环节，对"一日常规建立"和"如何有效开展教学活动"等话题进行了深入的探讨和研究。在互动式的研讨中，教师们用自己所积累的教育经验和相关的专业知识去看待、分析问题，在交流中碰撞出智慧的火花。我相信，在互相学习，共同分享中，教师们都在共同成长着！

如何让教师在专业成长的道路上快乐工作

【教研背景】

近期，不时会有幼儿园教师虐童事件曝光，导致社会各界对幼儿教师提出疑问，让工作任务繁重的教师们心里倍感压抑。为促进幼儿园教师专业发展，建设高素质的教师队伍，我园结合《幼儿园教师专业标准》开展"阳光下的幸福"的主题教研活动，让教师们进一步了解保教活动的基本规范和幼儿园教师专业发展的基本准则，进而约束自我、保护自我，同时更快乐地工作。

【教研目的】

（1）通过视频、游戏、理论学习等形式，让教师进一步学习《幼儿园教师专业标准》。

（2）鼓励教师享受职业的快乐，做个幸福幼教人。

【教研准备】

1. 知识准备

了解四种气质型教师的特点。

2. 物质准备

教研活动课件、记号笔、4张卡纸、计分相应的物品。

【教研形式】

视频回顾、知识竞赛、案例分析。

【教研对象】

幼儿园全体教师。

【教研主持】

梁静文、邓倩华。

【教研过程】

（一）欣赏视频，分享感受

1. 观看视频

《肥佬做幼师》——佛山电视台主持人肥佬亲身体验当一天幼师的感受。

图1　观看视频，认真思考

2. 交流感受

你身边的朋友理解你的职业吗？对幼教事业，你有什么看法？

3. 主持人小结

幼儿教育是一项富有挑战性的工作。我们每天都会接触不同的事情，每天都会是一个新的篇章，只有调整好心态，才能够更好地迎接孩子，引导孩子，服务家长。

（设计意图：通过观看肥佬做幼师时发生的一切搞笑事情的视频，让教师们感受被认同，结合自己心底里最深的感触，营造良好的交流分享氛围。）

（二）阅读《幼儿园教师专业标准》，了解标准

（1）翻阅《幼儿园教师专业标准》：教师利用5分钟的时间自由翻阅《幼儿园教师专业标准》。

（2）闲说《幼儿园教师专业标准》：教师自主分享在阅读中自己感悟较深的内容。

（3）教师小结：每个教师关注的事物都不一样。我们通过交流，让一种思想变成两种思想，从而反思并收获。

（设计意图：让教师通过阅读《幼儿园教师专业标准》反思自己在工作中的不足，加深对《幼儿园教师专业标准》的理解和记忆。）

（三）游戏互动，加深了解

（1）我抛你接，小知识竞赛。（后附材料1）

（2）案例分析。（后附材料2）

（3）主持人小结：《幼儿园教师专业标准》从专业理念与师德、专业知识、专业能力等多个方面对教师们做出指引。我们应该多参阅并以身作则，坚持实践、反思、再实践、再反思，不断提高专业能力。

（设计意图：通过分组知识竞赛，温故知新，调动教师参与活动的积极性，让教师对《幼儿园教师专业标准》有更深的理解和记忆。）

图2　积极参与游戏互动

（四）猜猜气质，提升自己

1. 形象配对

主持人说出四种不同气质型的教师特点，让教师们配对自己或看看身边的同事是属于哪一气质型的。

2. 你说有理

教师就气质类型说说自己的见解。

（1）归纳提升：主持人公布各类气质型教师的优点与改善方向。（后附材料3）

（2）教师小结：快乐是翻耕心田的本领，是对真实自我的犒赏，是去寻找让生命更加圆满的可能。希望大家通过认识自己的气质，发扬优点，纠正不足。按照《幼儿园教师专业标准》严格要求自己，做快乐的教师，成为智慧型的教师。

（设计意图：通过寻找属于自己的气质类型，让教师在以后的工作中能够扬长避短，充分发挥自己的优点，按照《幼儿园教师专业标准》严格要求自己。）

（五）好话放送，互助共勉

1. 好话放送

教师与大家一同分享在工作中激励你，鞭策你的名言警句。

2. 教师小结

伟大艰巨的工作，皆由坚持忍耐而完成，光明灿烂的前途，皆由精进不懈而圆满。或许，我们对自己的职业有不满的地方，会有埋怨的时候，但是，细心回想一下，我们还是挺幸福的，因为我们每天都有一群天真可爱的孩子陪伴，我们能永远保持一份童真，也是一件幸福的事！

图3　好话放送，互助共勉

（设计意图：最后，通过"好话放送"的形式，让更多的正能量围绕在我们的身边，激励大家快乐工作，幸福工作。）

【教研反思】

幼儿教师是一个充满乐趣又充满挑战的职业。本次教研通过观看《肥佬做幼师》、听骨干教师分析工作感悟、坚守幼教行业老教师的幸福心得，以《幼儿园教师专业标准》的行为准则武装自己，根据儿童心理发展的规律解读孩子的行为等活动中，让教师们感受孩子的童真童趣，感悟职业的幸福。活动中，教师们的参与性高，大家都能够就自己的观点进行分享交流，思维碰撞，营造分享有亮点，听众有收获的良好局面。

附：材料1

附：

题目（节选）

1.《幼儿园教师专业标准》有几点内容？分别是什么？

答：《幼儿园教师专业标准》有3点内容。分别是基本理念、基本内容、实施建议。

2.《幼儿园教师专业标准》的基本理念有哪些?

答:幼儿为本、师德为先、能力为重、终身学习。

活动建议:各幼儿园可根据园所的实际情况,在《幼儿园教师专业标准》一书中选择相关题目。

案例资料:

案例1:午餐时,孩子们都在愉快地吃着饭,老师发现佳佳碗里的肉、米饭已经全部吃完了,只剩下番茄没有吃。老师提醒佳佳把番茄吃完,佳佳却说番茄很难吃,不想吃。

作为教师,你将如何引导佳佳?

案例2:小班的亮亮在区域活动中没有选定区域,在几个区域间闲逛,因此今天他没获得小红花奖励。

离园时,亮亮在妈妈面前哭闹,非要妈妈去让老师奖一朵小红花。妈妈只能无奈地对老师说:"老师,你奖一朵小红花给他吧。亮亮明天会进步的,亮亮你说是吗?"

请谈谈你的看法和做法。

案例3:户外活动开展前,我对孩子们说:"我们今天玩报纸球,小朋友可以玩赶小猪,也可以玩投篮游戏,好不好?"孩子们听到后,都无精打采的样子,有的孩子说:"老师,这个不好玩,我们都玩腻了。"

作为教师,你怎么看待?该如何应对?

附:材料2

教师如何正确认识自己的气质特征,按心理学的性质划分,教师可分为以下几种类型:

1. 胆汁质(兴奋型)占优势的教师

这类教师往往兴奋性高,精力充沛,在教育教学工作中能承担较重的负担,做事雷厉风行,反应快但不够灵活;这种类型的教师通常耐力差,性情急躁、热情、直爽、外向、好胜心强、行动迅速,有时会表现出主观、易冲动的特点,他们的言语明确,富有表情。

2. 多血质(活泼型)占优势的教师

这类教师往往反应敏捷,适应性强;活泼热情,善于交际,容易产生情绪体验,并且比较丰富,但不深刻、易变换,兴趣和注意力不稳定;他们通常能较快学会新的东西，容易适应新环境，但缺乏持久性和耐心。

3. 黏液质（安静型）占优势的教师

这类教师往往安静、稳重、沉默寡言，情绪不易外露；反应慢而稳定，有较强的自我控制能力；他们的注意力和兴趣稳定且难以转移，善于忍受，善于做细致、持久的工作；他们的反应和行动欠灵活，对周围的事物冷淡。

4. 抑郁质（神经弱型）占优势的教师

这类教师属神经弱型，抑郁占优势，反应慢且不灵活；他们通常行动迟缓、孤僻内向；他们的观察力强，想象丰富，情绪体验深刻，往往以心境的状态出现，敏感、微弱，能体会到别人体会不到的事物和人际关系。

建议：

（1）胆汁质的教师要发扬自己积极进取、刚强等特点，控制粗心、简单化等毛病。

（2）多血质的教师要善于运用自己机智、灵敏、兴趣多样、善于应变等特点，控制粗心大意、急躁等弱点。

（3）黏液质的教师要发扬踏实、顽强、认真的作风，克服迟疑、不够灵活等不足。

（4）抑郁质的教师要发扬细心、踏实等特点，克服怯懦、多疑等不足。

教师正确认识自己的气质特征，有利于提高教学效率。教师万不可总拿自己气质的不足和别人气质的长处比，否则，就会把自己束缚起来，影响自己的成长和进步，影响教育教学工作的有效实施。

如何做好教师师德师风建设

——影片《地球上的星星》分享会

【教研背景】

师以德为本，育师先育德。为建设一支"师德好，业务精，巧合作，肯专研"的教师队伍，进一步提高教师队伍师德水平和整体素质。通过分享影片《地球上的星星》，让教师们在轻松的氛围下，用心灵去体会教育的真诚，用心灵去感受教育的魅力，引发教师们对师德更深层次的思考，从中感悟师德的真谛。

【教研目的】

（1）通过观看电影《地球上的星星》，让教师真切地感受每一个孩子都是特别的，教育他们需要给予爱和阳光，有了这些，他们才会散发出属于自己的光彩。

（2）为教师搭建教育真实案例分享的平台，帮助教师反思自己日常中的教育行为，寻求正确的教育方向。

【教研准备】

在活动之前教师们认真观看电影《地球上的星星》。

【教研形式】

片段重温、小组竞赛、案例分析。

【教研对象】

幼儿园全体教师。

【教研主持】

李淑媚、简敏姬。

【教研过程】

（一）重温片段

主持人：请教师们暂时忘掉自己的身份、忘掉自己的年龄，尽情地享受尼康老师带来的快乐课堂。我们一起舞动起来吧！

图1　教研现场，气氛活跃

（二）分小组，选出组长

（1）请各位教师就座，根据就座凳子的颜色，分3个小组。

（2）每个小组的组员一起用手指出心目中的组长。

（三）回忆角色

主持人：印度电影《地球上的星星》是一部经典儿童剧情电影，讲述的是伟大的教育。现在我们一起来回忆一下，影片中有哪些主要的角色？

主持人：请每组派一个代表来说一个影片中的主要角色。每说一个影片中的主要角色加1分，每组有5次机会。

（四）回忆情节

主持人：相信影片中的角色都深深地印在了大家的脑海了。现在请大家说说哪个情节留给你最深刻的印象？

主持人：看来大家对很多细节都印象很深，启发很大哦！

主持人：让我们试着凭借一些剧照，带着问题一起来回顾一下这些感人的片段。

图2　小组进行积极研讨

片段一：

问题：当尼克老师吹着优美的笛声时，全班孩子都被笛声吸引，不约而同地跳起舞来，为什么伊桑仍然坐在位置上低下头，一动不动？

小结：有时孩子真的很无助，可怕的是老师和家长把这样的情况一概认为是孩子的学习态度问题，有时我们大人也不能明辨是非，那又如何能教育我们的孩子明辨是非呢？

片段二：

问题1：伊桑是一个怎样的孩子？请你用一个词来说说。

小结：每个孩子都不一样，真正地去关心他们需要的是一个拥抱、一句关怀的话语，而不是恣意开骂，照自己的思考模式行事，毁了他和你的关系，更毁了孩子的前程。是啊，其实每一个孩子都是独特的，只要我们用心去培养他，让孩子感觉被需要、被关注，多跟孩子换位思考、体会孩子的感受，了解孩子、理解孩子，因材施教，相信在我们手中就不会留下遗憾！

问题2：是谁的出现，让伊桑走出了困境？

小结：命运的转折点就从这里开始了，伊桑很幸运，能遇上一位好伯乐。

片段三：

问题：尼克是一个怎样的老师？

小结：是的，一位好老师，胜过万卷书。相信每个孩子都希望遇到像尼克这样的老师。

通过正面的讨论，激发教师们学习专业技能、专业知识的欲望；激发教师们做个有责任心的人。

（五）列举实例，案例分析

（案例附后）

主持人：现在应该把注意力收回来，看看我们在教育教学过程中又是如何做的？

通过列举教师在日常教育教学中的行为，让教师们进行分析反思。

图3 教师代表进行观点阐述

（六）点睛、总结，活动结束

问题：影片为什么叫《地球上的星星》？

主持人：佛家曾将智慧比作"千年暗室，一灯则明"。而对伊桑来说，尼克就是融化他心中冰山的太阳。在太阳的指引下，那颗迷路的小星星也找到了回家的路。我们要做一名有责任的"太阳型"教师，不放弃任何一个孩子，相信爱，付出爱，成为爱。

【教研反思】

本次教研活动的开展有效地促进了教师的成长，让教师们懂得从多角度思考问题，同时更新教育观念。教师们在影片的启发下，在活动的引导下，有效地反思自己的教学教育行为，明晰在日常工作中不仅要有爱心，更要俯下身来和孩子一起发现问题，从孩子的身上发现闪光点，给予每颗小星熠熠生辉的勇气。

附：案例

案例1：

每天中午吃饭，我们都会嘱咐孩子们要安静进餐，并要注意桌面的干净。刚开始，孩子们都不习惯。经过一段时间的努力，大部分孩子都慢慢养成了安静进餐的习惯。唯独齐齐，他总喜欢把掉在桌子上的饭粒用手指捏着玩，在桌子上乱画，最后弄得手脏、桌子脏。被老师教育后，他还是这样……

案例2：

丁丁爸爸把儿子送来幼儿园，很气愤地对老师说："王老师，好好管教一下我们家丁丁，他总爱说谎！现在就学会骗人，长大了怎么得了啊？每次说谎，我都狠狠地打他，他还是屡教不改！"如果你是王老师，你会怎么做？

案例3：

在教学过程中，当老师提问时，有一些孩子积极举手发言，而有一些孩子却只是乖乖地做一个"倾听者"。为了让每个孩子得到发展，我们也尝试着鼓励不举手的孩子起来回答问题，但效果总是不太理想，该怎么做？

后 记

研之有道

鲁迅说："世上本没有路，走的人多了，也便成了路。"从2003年制定《南海区学前教育"名师工程"实施方案》开始，南海区幼教同仁就开始探索学前教育区域教研创新之路，"定规划 组队伍—办协会 做培训—搭平台 强技能—立课题 做科研—建机制 供保障—带队伍 出成果"，一步一步，南海幼教人走出了《学前教育区域教研"南海范式"》的创新改革之路。如今，第四项实践成果《名师教研——幼儿园园本教研实例精选》即将出版发行。该成果是教师们探索园本教研的真实写照，也是教师们专业追求、传递智慧的共同演绎，更是多方联动助力教研的成长见证。一项项活动、一个个赛场、一番番感悟、一次次历练、一步步成长、一批批传承……夯实了园本教研的成长道路，提升了教师的专业自信和专业精神。

路漫漫其修远兮，吾将上下而求索。从开始策划到该书的出版，历时三年，路途之艰辛超过我们每个参与者的预料。但想到我们的实践智慧将像种子一样播撒出去，飘香四面八方，让无数的幼儿园园本教研研之有道，编委会的每一位成员都备感欣喜和安慰。

星光不问赶路人，春光不负有心人。在此，我们要特别感谢南海区各镇（街）的幼教教研员与专干，是她们的支持与推动、责任与担当，使园本教研能落地生根、开花结果；感谢主持现场教研的区、镇名师们，她们精心策划组织的教研活动，让参研教师看到了无限的"研"途风景；感谢本书的编委们，她们在主编的导引下抽丝剥茧，对大量的现场教研实例进行选择、重构，使之成为可学习借鉴的样本；也感谢为现场教研提供场地的幼儿园园长与参研的教师们，她们是园本教研的

开路人，没有她们的辛勤付出和无私奉献，就没有南海学前教育的可持续发展。最后，衷心感谢东北师范大学出版社的大力支持。本书的出版发行，能让更多幼教同仁分享园本教研实践经验，交流园本教研可取之道。

由于编写团队的精力与能力有限，尽管数易其稿、反复斟酌，仍难免有疏漏，祈望得到读者的批评指正。

吴凯静　区伴贞

2020年10月于南海